Wie Spucke im Sand

Ein Leseprojekt
zu dem
gleichnamigen Roman
von
Klaus Kordon

erarbeitet
von
Cornelia Witzmann

Illustrationen
von
Juliane Steinbach

Inhaltsverzeichnis

Kapitel 1 .... Seite 3
   Aufgaben zu Kapitel 1 .... Seite 7

Kapitel 2 .... Seite 12
   Aufgaben zu Kapitel 2 .... Seite 16

Kapitel 3 .... Seite 20
   Aufgaben zu Kapitel 3 .... Seite 24

Kapitel 4 .... Seite 27
   Aufgaben zu Kapitel 4 .... Seite 31

Kapitel 5 .... Seite 35
   Aufgaben zu Kapitel 5 .... Seite 38

Kapitel 6 .... Seite 42
   Aufgaben zu Kapitel 6 .... Seite 47

Kapitel 7 .... Seite 51
   Aufgaben zu Kapitel 7 .... Seite 56

Kapitel 8 .... Seite 60
   Aufgaben zu Kapitel 8 .... Seite 63

Kapitel 9 .... Seite 66
   Aufgaben zu Kapitel 9 .... Seite 69

Kapitel 10 .... Seite 71
   Aufgaben zu Kapitel 10 .... Seite 74

Kapitel 11 .... Seite 78
   Aufgaben zu Kapitel 11 .... Seite 81

Kapitel 12 .... Seite 83
   Aufgaben zu Kapitel 12 .... Seite 85

Kapitel 13 .... Seite 87
   Aufgaben zu Kapitel 13 .... Seite 90

Kapitel 14 .... Seite 92
   Aufgaben zu Kapitel 14 .... Seite 94

Kapitel 1

Ich bin Munli und ich lebe in Indien. Ich sitze an einem Tisch und schreibe. Ich habe das Schreiben erst vor kurzem gelernt. Es fällt mir aber mit jedem Tag leichter. Wenn ich einmal nicht weiterweiß, kommt Aruna und hilft mir. Sie findet immer das passende Wort. Nur deshalb wage ich es, ihrem Rat zu folgen und meine Geschichte aufzuschreiben.

Ich muss es auf jeden Fall versuchen, denn ich will mich dadurch besser kennen lernen. Ich will verstehen, was geschah, seit ich unser Dorf verließ. Damals war ich dreizehn, heute bin ich siebzehn. Damals war ich ein Mädchen, heute bin ich eine junge Frau. Aber ich habe mehr erlebt, als vier Jahre älter geworden zu sein. Ich bin von einer Welt in eine andere gewechselt. Ich habe mich verändert. Ich denke anders, fühle anders. Doch jetzt will ich meine Geschichte von vorn erzählen.

Das Dorf, in dem ich aufgewachsen bin, liegt in der Nähe der Himalaya-Berge. Die nächste große Stadt ist Allahabad. Mein Heimatdorf ist ein armes Dorf, das nur aus einigen Lehmhütten besteht. Ich lebte dort mit meinen beiden Schwestern, meinen drei Brüdern und meinen Eltern in einer Hütte. In unserem Dorf war immer etwas los und es war mir nie langweilig. Es gab auch viel zu tun. Weil es keinen Brunnen im Dorf gab, holten wir Mädchen und Frauen das Wasser vom Fluss. Der Fluss war viele Stunden Fußweg von unserem Dorf entfernt. Wir trugen die schwer gefüllten Wasserkrüge auf dem Kopf zum Dorf. In der Regenzeit pflanzten wir Reis an, in der trockenen Jahreszeit Weizen, Linsen, Chili, Kartoffeln, Bohnen und anderes Gemüse. Auch wenn es sehr heiß war, arbeiteten wir auf den Feldern. Abends sammelten wir Brennholz. Die nächste Schule war sehr weit entfernt.

Deshalb ist kein Kind aus dem Dorf zur Schule gegangen.
Aber wir hatten einen Mann im Dorf, der uns etwas über unsere Religion beibrachte. Lesen und Schreiben lernten wir jedoch nicht. Wir brauchten es auch nicht zu können. Die einzige Arbeit, die es gab, war auf den Feldern oder beim Straßenbau.
Nur die Arbeit beim Straßenbau wurde bezahlt.
An einen Tag erinnere ich mich ganz besonders gut.
Es war kurz nach meinem dreizehnten Geburtstag und es fand ein Fest statt. Dieses Fest sollte mich und ein paar andere Mädchen zu Frauen machen.
An diesem Tag wachte ich früher auf als Mataji [sprich: Maataadschi]. Mataji nennen wir in Indien unsere Mütter.
„Bist du schon wach?", fragte Mataji.
„Ich kann nicht mehr schlafen", antwortete ich leise.
Mataji hockte sich zu mir und streichelte mein Gesicht.
„So groß bist du nun also schon! Weißt du, was du dir an diesem Tag wünschen musst?" Mataji sah mich aufmerksam an. „Dass dich dein zukünftiger Mann liebt, hörst du? Nur ein Mann, der dich liebt, verzeiht dir deine Fehler."
Ich hatte mich schon oft gefragt, ob Pitaji [sprich: Pitaadschi], mein Vater, meine Mutter wohl liebte. Er war stolz und schnell beleidigt. Aus seiner Sicht behandelte er sie gerecht. Aber er schrie sie häufig an und drohte ihr, wenn sie nicht schnell genug arbeitete.
Ob Mataji ihn dennoch liebte?
Nach dem Aufstehen machte mich Mataji schön:
Ich bekam einen neuen blauen Sari.
Das ist ein gewickeltes Gewand, wie man es bei uns

69 in Indien trägt. Und ich bekam einen Nasenring.
70 „Du bist ein hübsches Mädchen", sagte Mataji.
71 Meine Schwestern Pula und Ila kicherten albern,
72 mein kleiner Bruder Mantu verzog das Gesicht.
73 An diesem Tag wurden wir Mädchen zu einem See
74 in der Nähe des Dorfes gebracht. Wir hatten Schälchen
75 mit Fett dabei, um sie Gott zu opfern.
76 Mit Zündhölzern, einer Kette aus Blumen und
77 den Schälchen in den Händen gingen wir dann langsam
78 bis zu den Knien in den See.
79 Die Blumenketten und Schälchen ließen wir
80 auf dem Wasser treiben.
81 Jetzt zündeten wir die Zündhölzer an. So war der Brauch.
82 Das Mädchen, dessen Licht zuletzt erlosch, würde
83 von ihrem zukünftigen Mann am allerlängsten und
84 herzlichsten geliebt werden.
85 Mein Licht erlosch als letztes und die anderen nannten
86 mich „Munli Glückskind", weil ich nun Glück in der Ehe
87 haben würde.

Fortsetzung folgt

1. Im Kapitel lernst du Munli kennen.
   Was erfährst du über das Mädchen?
   Kreuze jeweils die richtige Antwort an.

a) Was tut Munli?

   ☐ Munli malt ein Bild von ihrem Heimatdorf.
   ☒ Munli schreibt auf, wie ihr Leben in ihrem Heimatdorf war.
   ☐ Munli berichtet einem Freund, wie ihr Leben in ihrem Heimatdorf war.

b) Wie alt ist Munli, als sie zu schreiben beginnt?

   ☐ 7   ☒ 17   ☐ 27

c) In welchem Land lebt Munli?

   ☐ Italien   ☐ Polen   ☒ Indien   ☐ China

2. Munlis Dorf liegt in der Nähe der Himalaya-Berge.
   Die nächste große Stadt ist Allahabad.
   Wo befindet sich das Dorf ungefähr?

a) Suche die Himalaya-Berge und die Stadt Allahabad im Atlas.

b) Zeige einem Partner, wo das Dorf ungefähr liegen könnte.

3. **Munli schreibt ihre Geschichte auf. Was hast du bisher erfahren? Vervollständige die Sätze.**

Munli ist _in einem Dorf_ in Indien aufgewachsen.

Die Mädchen und Frauen des Dorfes holen Wasser _von einem weit entfernten Fluss_.

Ein Mann im Dorf bringt den Kindern _etwas über Religion_ bei.

Die Dorfbewohner können _im Straßenbau und auf den Feldern_ arbeiten.

Kurz nach Munlis _dreizehntem_ Geburtstag findet ein Fest statt, das sie zur Frau macht.

Munli wird danach „_Munli Glückskind_" genannt. Munlis Vater _schreit seine Frauen an und bedroht sie manchmal_.

4. Hier tragen indische Frauen und Mädchen Wasser.
   Sieh dir das Bild genau an.

5. Wasserholen ist eine schwere Arbeit.
   Lies den folgenden Sachtext.

   > Wasserholen in Indien
   >
   > 1 In manchen Gebieten in Indien gibt es
   > 2 keine Wasserleitungen oder Brunnen.
   > 3 Dort holen die **Frauen und Mädchen** das **Wasser**
   > 4 aus einem **Fluss.** Sie tragen das Wasser
   > 5 in **großen schweren Krügen aus Ton**
   > 6 **auf dem Kopf.** Auch wenn es sehr **heiß** ist oder
   > 7 **stark regnet,** gehen die Frauen die weiten Wege.
   > 8 Das Wasser benötigen die Familien **zum Kochen,**
   > 9 **Trinken und Waschen.**

6. Was hast du im Sachtext erfahren?
   Beantworte die Fragen mit vollständigen Sätzen.
   Schreibe die Fragen und die Antworten in dein Heft.

   – Woher holen die indischen Frauen und Mädchen
     Wasser, wenn es keine Wasserleitungen oder
     Brunnen gibt?
   – Wie tragen die Frauen und Mädchen das Wasser?

7. Munli geht nicht in eine Schule wie du.

a) **Ein Tag in Munlis Leben könnte so aussehen.**
   Lies die Sätze.

   Am Morgen steht Munli vor Sonnenaufgang auf und geht mit den anderen Mädchen und Frauen Wasser holen.
   Am Mittag kommt sie vom Wasserholen zurück und isst gekochten Reis und Gemüse.
   Am Nachmittag hilft Munli bei der Arbeit auf dem Feld.
   Am Abend sammelt sie Brennholz.

b) **Was macht Munli morgens? Kreuze an.**

   ☐ lernen   ☐ spielen   ☒ Wasser holen

8. **Wie sieht ein Tag in deinem Leben aus?**
   Schreibe mindestens vier Sätze in dein Heft.

9. **In Indien müssen Kinder nicht in die Schule.**
   Warum ist es gut, in die Schule zu gehen?
   Sprecht in der Klasse darüber.

10. **Kurz nach Munlis dreizehntem Geburtstag**
    findet ein Fest statt. Das Fest macht Munli zur Frau.
    Das heißt: Ab diesem Tag ist Munli eine Erwachsene.
    Sie muss sich benehmen und arbeiten
    wie eine Erwachsene. Sie darf jetzt heiraten.
    Wie findet ihr das?
    Sprecht in der Klasse darüber.

11. **Welche Pflanzen werden in Indien angepflanzt?**
    Tipp: Lies noch einmal die Seite 4.

a) Eine der Pflanzen wird in der Regenzeit gepflanzt,
   wenn es viel regnet.
   Kreise diese Pflanze blau ein.

b) Die anderen Pflanzen werden
   in der trockenen Jahreszeit gepflanzt,
   wenn es kaum regnet.
   Kreise diese Pflanzen rot ein.

12. Du lernst in der Geschichte indische Wörter und
    ihre Bedeutung kennen.
    Schreibe die Wörter und ihre Bedeutung in die Liste
    auf Seite 96. So kannst du die Wörter später schnell
    nachschlagen.

    Mataji → die Mutter, Mama
    Pitaji → der Vater, Papa
    Sari → ein indisches Gewand, das gewickelt wird

Kapitel 2

Einige Tage nach dem Fest gingen alle Mädchen des Dorfes zum Holztragen in den Wald. Die Männer fällten dort Bäume und wir Mädchen mussten die Baumstämme zu einer Sammelstelle bringen. An diesem Tag kam ich mehrmals an Adoor Ram, dem Chef des Nachbardorfes, vorbei. Erst wenige Wochen zuvor war seine Frau gestorben. Es hieß, er habe sie schlecht behandelt und geschlagen.

Näini, die verstorbene Frau, war nur zwanzig Jahre alt geworden.
Ich bemerkte, dass Adoor Ram mich aufmerksam beobachtete. Das war mir unangenehm.
Als ich mit einigen anderen Mädchen wieder einmal einen meterlangen Baumstamm an Adoor Ram vorbeischleppte, packte er mich am Arm.
Die Mädchen und ich ließen vor Schreck den Baumstamm fallen.
„Du bist eine Frau geworden", sagte er. Er blinzelte vor Freude über die Furcht in meinen Augen. „Glück in der Liebe wirst du haben, so sagt man."
Ich bückte mich nach dem Ende des Baumstammes und wollte schnell weiter. Aber Adoor Ram nahm den Stamm und trug ihn vor uns her zur Sammelstelle.
Ich war verwirrt. Noch nie hatte mir ein Mann bei der Arbeit geholfen.

Eines Abends, als ich mit meiner Mutter und meinen Schwestern draußen um die Feuerstelle saß, erschien Adoor Ram vor unserer Hütte.
Ich verschluckte mich vor Schreck an meinem Tee, musste husten und wurde rot.
Pitaji und Adoor Ram sprachen eine Weile miteinander.
Ich wusste, was vor sich ging: Adoor Ram warb um mich, er wollte mich heiraten.
Pitaji nahm die Werbung an.
Ich mochte Adoor Ram nicht. Er war auch viel zu alt für mich. Ich bekam große Angst und lief schnell zu Lata, meiner Freundin, um sie nach Rat zu fragen.
„Warum läufst du nicht fort, Munli?", fragte sie mich.

„Du willst Adoor Ram doch wohl nicht heiraten?"
„Aber wo soll ich denn hin?", fragte ich zurück.
„Zu Meera in die Berge", antwortete Lata.
Ich erschrak. Meera war die Anführerin
der Ausgestoßenen, der Baghis. Es wurde erzählt, dass
die Baghis raubten und mordeten.
„Zu diesen Räubern soll ich?", fragte ich.
„Es sind keine Räuber", antwortete Lata. „Und Meera
beschützt Frauen und Mädchen, die von zu Hause
fortgelaufen sind."
Das Dorf verlassen? Daran hatte ich noch gar nicht
gedacht. Doch der Gedanke, Adoor Rams zweite Frau
zu werden, war für mich unvorstellbar. Das wollte ich
nicht.
„Wenn du fortläufst, gehe ich mit", sagte Lata.
Lata wollte wahrscheinlich nicht zusehen,
wie Birri, mein Bruder, eine andere Frau heiratete.
Lata und mein Bruder Birri liebten sich, aber sie durften
nicht heiraten.
„Wir können doch nicht einfach weggehen", sagte ich.
„Und wenn Adoor Ram dich schlägt? So, wie er
seine erste Frau geschlagen hat?", sagte Lata jetzt.
Lata hatte Recht. Ich musste fort von hier.
Ich verabredete mich mit ihr. Noch vor Sonnenaufgang
würden wir das Dorf verlassen.

An diesem Abend sah ich mir unsere Hütte noch einmal
genau an: Sie war aus Lehm. Das Dach bestand
aus langen Grashalmen. Schränke gab es keine
in der Hütte, nur Haken, an denen wir unsere Sachen
aufhängten. Wir schliefen auf Matten,

so genannten Daris. Wenn es heiß war, legten wir uns vor die Hütte. Es standen Krüge mit Wasser in der Hütte und es war eine Feuerstelle vorhanden.
Während der Regenzeit kochten wir in der Hütte.
In der Trockenzeit benutzten wir die Feuerstelle vor der Hütte.
Diese letzte Nacht zu Hause lag ich mit offenen Augen da und konnte nicht schlafen. Ich würde meine Eltern verlassen. Alles würde ich aufgeben.
Pitaji schlief. Mataji schlief – und alle meine Geschwister auch.
Ich dachte an Meera. War sie eine gefühllose Herrscherin oder wie eine Mutter, die einen beschützt? Warum beschützte mich meine Mutter nicht? Ich überlegte die ganze Nacht, ob ich wirklich fliehen sollte.

Im Morgengrauen stand ich auf und verließ die Hütte.
Meine älteren Schwestern und Mataji hatten ihre Schlafplätze bereits verlassen.
Sie hatten früh mit der Arbeit begonnen.
Ich hörte einen Pfiff – Latas Zeichen – und schlich zu ihr.
Schnell liefen wir aus dem Dorf und blickten nicht zurück. Lata übernahm die Führung.
Als wir ein Wäldchen erreichten, wurde Lata langsamer.
Plötzlich stand Mataji mit meinen Schwestern vor mir.
Sie starrten mich an.
Mataji sagte nichts. Lata zog mich weiter und ich drehte mich nicht um. Sonst wäre ich vielleicht mit ihnen ins Dorf zurückgekehrt.

Fortsetzung folgt

Aufgaben

1. Diese Personen kommen im Kapitel vor.
   Wer tut was?
   Verbinde die Personen mit den richtigen Sätzen.

Adoor Ram

Er will Munli mit Adoor Ram verheiraten.

der Vater von Munli

Er möchte Munli heiraten.

Lata

Sie führt eine Gruppe Banditen an und beschützt Mädchen, die fortgelaufen sind.

Meera

Sie schweigt dazu, dass Munli Adoor Ram heiraten soll.

die Mutter von Munli

Sie rät Munli zu fliehen und will sie begleiten.

2. **Munlis Vater entscheidet, wen Munli heiraten soll.**
   Sprecht in der Klasse über diese Fragen:
   – Wie findet ihr diese Regelung?
   – Warum möchte Munli Adoor Ram nicht heiraten?

3. **Haben Männer und Frauen in Indien die gleichen Rechte? Lies den folgenden Sachtext.**

   > Frauen und Männer in Indien
   >
   > 1 Nach dem **Gesetz** haben Frauen und Männer
   > 2 die **gleichen Rechte,** auch in Indien. Es darf
   > 3 **niemand wegen seines Geschlechts unterdrückt,**
   > 4 das heißt benachteiligt oder gequält werden.
   > 5 Doch in vielen **armen Familien,**
   > 6 die wie Munlis Familie in einem **Dorf** leben,
   > 7 **bestimmt der Mann** alles.
   > 8 **Frauen dürfen meist nicht mitbestimmen.**

4. **Was hast du im Sachtext erfahren?**
   Vervollständige die Sätze.

   Männer und Frauen haben die _____Gl_____ Rechte.

   Es darf ___niemand___ wegen seines Geschlechts

   ___unterdrückt___ werden.

   In vielen ___armen___ Familien in Indien

   bestimmt der Mann alles.

5. **Wer wird Baghi genannt?**

a) **Lies die Antwort am Faden.**
   Beginne bei: „In armen Gegenden in Indien".

b) **Schreibe die Sätze in dein Heft.**

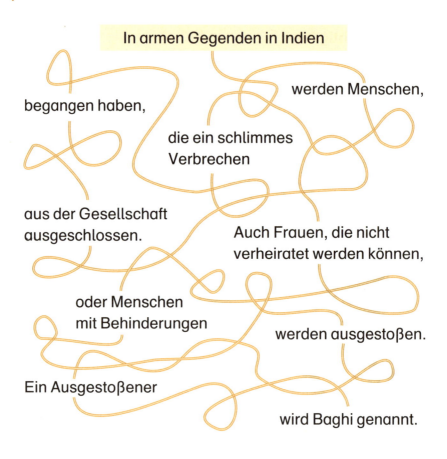

6. **Wo leben Meera und die Baghis? Kreuze an.**
   Tipp: Lies noch einmal Seite 14.

   ❏ am Meer   ❏ in der Stadt   ❏ in den Bergen

7. Munli wünscht sich, beschützt zu werden.
   Warum fühlt sie sich zu Hause nicht beschützt?
   Sprecht in der Klasse darüber.

8. Munli läuft mit Lata fort. Aber sie weiß nicht,
   ob das richtig ist.
   Was könnte Munli denken?
   Schreibe in die Denkblase.

9. Trage in die Liste auf Seite 96 ein:

   Dari → die Schlafmatte
   Baghi → ein Mensch in Indien, der aus der Gesellschaft ausgestoßen wurde

Kapitel 3

1 Lata und ich hatten Angst, verfolgt und zurückgeholt
2 zu werden. Deshalb liefen wir schnell über die Felder
3 und schlichen an Dörfern vorbei.
4 Erst als wir uns sicher fühlten, gingen wir langsamer
5 und unterhielten uns. Als wir Arbeiter auf einem Feld
6 sahen, dachte ich an meine Aufgaben zu Hause.

Würde ich jemals wieder auf einem Feld helfen?
Welche Aufgabe hatte Meera wohl für mich?
Je weiter wir uns von unserem Dorf entfernten,
desto schöner und grüner wurde die Landschaft.
Nur vor der Nacht unter freiem Himmel fürchteten wir
uns. Gefährliche Tiere oder auch Banditen konnten uns
im Schlaf überraschen. Erst als es schon dunkel wurde,
fanden wir endlich einen sicheren Platz. Dichte Büsche
umgaben eine Wasserstelle, an der wir uns erfrischten.
Wir sahen nach, ob keine Schlangen da waren.
 Beruhigt ließen wir uns für die Nacht nieder. Wir aßen
ein paar gekochte Reiskörner, die Lata für uns
eingesteckt hatte.
„Woran denkst du?", fragte Lata.
„Warum tust du das für mich?", fragte ich zurück.
„Ich bin deine Freundin", sagte Lata ernst.
Ich wusste, dass das nicht der Grund war. Aber ich fragte
nicht weiter. Ich floh aus Angst vor Adoor Ram. Sie floh
aus Liebe zu meinem Bruder Birri.
Ich hielt zuerst Wache und passte auf, während Lata
schlief. In Gedanken sah ich immer wieder die Hütte
meiner Familie vor mir. Ich musste an meine Eltern und
meine Geschwister denken. Tränen stiegen in mir hoch.
Ich war unglücklich. Hätte ich alles rückgängig machen
können, ich hätte es getan. Ich weinte.
Lata wurde wach und sah mich traurig an.
„Warum bist du nicht mit Birri davongelaufen?", fragte ich
jetzt leise.
„Er hätte nicht den Mut dazu gehabt", flüsterte Lata.
Sie hatte wohl Recht.
Irgendwann schliefen wir beide ein, eng umschlungen.

Noch vor Sonnenaufgang wachten wir auf. Wir tranken etwas Wasser und machten uns auf den Weg.
Hand in Hand wanderten wir auf die Berge zu.
Am Abend erreichten wir das Dorf am Fuß der Berge.
Hier mussten wir jemanden ansprechen, der sich in der Gegend auskannte und uns den Weg zu Meera zeigte.
Wir sahen uns um. Im Eingang einer Hütte hockte eine junge Frau. Dort schlichen wir hin. Wir legten die Hände zusammen, verbeugten uns und sagten: „Namaste [sprich: Namastee].“
„Namaste", grüßte auch die Frau. „Wer seid ihr?"
„Wir heißen Munli und Lata", antwortete Lata. „Wir wollen zu Meera."
„Da kann ich euch nicht weiterhelfen. Ich weiß nicht, wie ihr sie finden könnt. Aber Großvater Dschaya [sprich: Dschaja], der weiß es. Er besucht das Lager oft. Heute geht er auch wieder zu ihr in die Berge."
„Dieser Großvater ... Ob der uns wohl mitnimmt oder uns den Weg zeigt?", fragte Lata schnell.
„Das tut er bestimmt, wenn ihr ihn höflich bittet. Wartet am Feldweg zum Berg auf ihn!"
Wir liefen zu dem Feld und warteten. Es war inzwischen dunkel geworden. Plötzlich hörten wir jemanden kommen. Dann sahen wir im Mondlicht einen alten Mann. Er trug einen Sack über der Schulter.
Unter seiner runden, verschrumpelten Nase leuchtete ein dichter weißer Schnurrbart. Neugierig blickte uns der alte Mann an.
Wir warfen uns vor ihm auf die Erde.
„Namaste, ihr beiden Nachtkatzen! Habt ihr euch verirrt?

Oder wollt ihr zu Meera?", fragte der alte Mann.
„Wir möchten zu Meera!", rief Lata.
Großvater Dschaya erklärte sich bereit, uns
mitzunehmen. Er ging auf den Berg zu, ohne uns
weiter zu beachten. Doch auf einmal drehte er sich
zu uns um. Er legte Lata den schweren Sack
auf den Rücken. „Wozu soll ich schleppen, wenn
zwei Frauen mit mir gehen", knurrte er.
Lata erwiderte nichts und trug den schweren Sack.
Mir schien die Zeit endlos, bis wir endlich mitten
zwischen Geröll und Bäumen stehen blieben.
Großvater Dschaya lauschte, legte dann die Hände
vor den Mund und ahmte den Schrei eines Nachtvogels
nach. Nicht lange danach kam von irgendwoher
eine Antwort.
„Das ist Chitta, ein heiliger Mann", sagte Großvater
Dschaya.
Bald darauf sahen wir einen kräftigen jungen Mann.
„Wen hast du denn da schon wieder angeschleppt?",
fragte er.
„Sie sind mir einfach gefolgt. Was konnte ich tun?"
„Ach, hör doch auf, Großvater Dschaya!", sagte Chitta
und führte uns den Rest des Weges den Berg hinauf.
Ich nahm Latas Hand. Neugier, Spannung und Furcht
ließen mich hastig atmen. Lata ging es genauso.
Aber ihre Augen leuchteten.

Fortsetzung folgt

Aufgaben 3

1. **Munli und Lata sind auf der Flucht.**
   Wie bewegen sie sich fort?
   Ergänze drei passende Verben (das Verb = das Tuwort).

   Munli und Lata _laufen_ schnell über die Felder

   und _schleichen_ an Dörfern vorbei.

   Erst als sie sich sicher fühlen, _gehen_

   sie langsamer und unterhalten sich dabei.

2. **Munli und Lata fürchten sich vor gefährlichen Tieren.**
   Diese Tiere zum Beispiel leben in Indien.
   Ergänze die Namen.

   der Tiger / die Schlange / der Skorpion / der Löwe

der _Tiger_   die _Schlange_

der _Skorpion_   der _Löwe_

3. Munli und Lata begrüßen eine Frau.
   Was sagen die Mädchen und die Frau zur Begrüßung?
   Schreibe in die Sprechblasen.
   Tipp: Lies noch einmal Seite 22.

4. Der indische Gruß bedeutet:
   „Sei gegrüßt" / „Seid gegrüßt".
   Trage in die Liste auf Seite 96 ein:

   Namaste! → Sei gegrüßt! / Seid gegrüßt!

5. Wie begrüßt man sich in anderen Ländern?
   Nennt so viele Begrüßungsworte wie möglich.

6. Großvater Dschaya hat einen schweren Sack dabei.
   Wen lässt er den schweren Sack
   den Berg hinauftragen?
   Beantworte die Frage mit einem vollständigen Satz.

   Der Großvater _____

   _____ .

7. Lata trägt den schweren Sack für Großvater Dschaya.
   Sprecht in der Klasse über diese Fragen:
   – Wieso weigert sich Lata nicht,
     den schweren Sack zu tragen?
   – Was hättet ihr an Latas Stelle getan?

8. Munli und Lata lernen Chitta kennen,
   einen so genannten „heiligen Mann".
   Lies den folgenden Sachtext.

   > „Heilige Männer" in Indien
   >
   > 1 Die meisten Inder sind **Hindus.** Die Hindus sind
   > 2 Anhänger einer bestimmten **Religion.**
   > 3 Die Religion der Hindus wird **Hinduismus** genannt.
   > 4 Im Hinduismus gibt es Männer, die als
   > 5 **religiöse Lehrer** arbeiten. Sie werden auch
   > 6 als **„heilige Männer"** bezeichnet. Diese Männer
   > 7 haben oft mehrere Jahre in Höhlen gelebt,
   > 8 ohne zu sprechen. So vertiefen sie ihren Glauben.

9. Was hast du im Sachtext erfahren?
   Vervollständige die Sätze.

   Die meisten Inder sind _____. Die Religion

   der Hindus wird _____ genannt.

   „Heilige Männer" haben mehrere Jahre

   in _____ gelebt, ohne zu _____.

Kapitel 4

Das Lager der Baghis lag wie ein Vogelnest oben auf einem Felsen. Es gab nur zwei Wege dorthin. Beide Wege waren nicht leicht zu finden. Das Lager war gut versteckt.
Meine Vorstellungen von dem Lager der Baghis wurden enttäuscht. Ich hatte mir einen geheimnisvollen und besonderen Ort ausgemalt. Aber die Baghis lebten wie die Menschen in anderen Dörfern: Es gab Hütten, Ställe mit Ziegen, Stroh für die Tiere und sogar

einen Tempel. In der Mitte des Lagers brannte
ein großes Feuer, um das Männer und Frauen saßen.
Die Baghis sahen auch gar nicht gefährlich aus.
Sie saßen fröhlich zusammen.
Chitta und Großvater Dschaya mischten sich
unter die Baghis und kümmerten sich nicht weiter
um uns.
Lata und ich beobachteten sie und die Fremden
eine Weile. Dann zog mich Lata zum Feuer und wir
hockten uns neben eine Frau.
Als wir sie näher betrachteten, sahen wir ihr Gesicht.
Es war rundlich und mit Narben bedeckt.
„Woher kommt ihr?", sprach sie uns an.
Lata erzählte es ihr und sagte auch unsere Namen.
„Ich heiße Kamla", sagte die Frau.
Kamla gefiel mir sofort. Sie strahlte Wärme aus.
Lata begann, Kamla über das Leben in den Bergen
auszufragen.
„Ach, Mädchen! Wie wir hier leben, werdet ihr noch früh
genug erfahren", sagte Kamla. Dann wandte sie sich
den Männern zu.
Als die Baghis aufstanden und zum Schlafen
in ihre Hütten gingen, fragte Lata: „Und wir, Kamla?
Wo sollen wir hin?"
Kamla seufzte und sagte: „Na, kommt mit mir.
Dann bin ich eben für eine Nacht eure Mataji."
Kamla führte uns zu einem aus Stoffresten
zusammengenähten Zeltdach, unter dem
ein großes Bett aus Holz stand.
„Habt ihr Hunger?", fragte Kamla.
Und ob wir Hunger hatten!

Kamla gab uns Chapattis [sprich: Tschaapatties], die wir hinunterschlangen.
Danach lagen wir müde auf dem Boden neben Kamlas Bett und schliefen erleichtert ein.

Im Morgenlicht sah das Lager der Baghis armselig aus. Kamla stand erst nach uns auf und schnitt drei Zweige, dick wie Bleistifte, von einem Baum. Jede von uns steckte sich einen Zweig in den Mund und zerkaute sein Ende zu einzelnen Fasern. Dann putzten wir uns damit die Zähne. Nach dem Zähneputzen legte sich Kamla wieder hin, um sich noch ein wenig auszuruhen. Lata und ich setzten uns neben das Bett auf den Boden.
„Lernen wir auch Meera kennen?", fragte Lata.
„Ganz bestimmt sogar. Alle Neuen im Dorf werden ihr vorgeführt", antwortete Kamla.
„Und wie ist sie? Ist sie gütig oder streng?", fragte Lata weiter.
„Beides." Kamla lachte.

Um die Mittagszeit kam ein junger Mann zu uns. Lata und ich halfen gerade Kamla, Gemüse zu ernten.
„Ich bin Ketaki. Ich soll euch zu Meera bringen", sagte er. Lata und ich fassten uns aufgeregt an den Händen.
„Na, los, los!" Der Junge grinste. „Ihr braucht keine Angst zu haben. Sie frisst euch bestimmt nicht. Sie ist sehr gläubig. Sie isst nicht einmal das Fleisch von Tieren."
Lata und ich folgten Ketaki zu einer Höhle, vor der zwei Wachtposten mit Gewehren standen.
Wir betraten einen halbdunklen Raum, der mit vielen Matten ausgelegt war.

Auf einem Diwan saß eine Frau, die mir beinahe wie ein Mann vorkam. Sie hatte weite Männerhosen und schwere Stiefel an. Außerdem trug sie ihre Haare wie ein Mann. Ihr Körper war zierlich und ihr Gesicht schmal. Außer einem goldenen Nasenring mit einem Edelstein trug sie keinen Schmuck. Ihre Augen waren groß und dunkel. Um die Stirn hatte die Frau ein blaues Tuch gebunden. Sie hielt die Hand eines großen schlanken Mannes, der an ihrer Seite saß.

„Wollt ihr Meera und mich nicht begrüßen?", fragte der Mann. „Ich bin Jeschuvant [sprich: Jeschuwant]."

Lata und ich fielen vor den beiden auf die Knie.

„Steht auf", sagte Meera. „Woher kommt ihr?"

Lata sagte den Namen unseres Dorfes.

„Warum seid ihr von zu Hause fortgelaufen?"

Ehrlich gaben wir Antwort.

Danach nickte sie zufrieden und gab uns ein Zeichen, dass wir gehen sollten.

Lata und ich verbeugten uns und verließen die Höhle.

„Na", hörten wir Ketaki fragen, „hat sie euch gefressen?"

Gefressen hatte sie uns nicht, aber wie eine Mutter war sie auch nicht gewesen. Sie hatte nicht einmal gefragt, wo wir jetzt schliefen.

Fortsetzung folgt

1. Das Lager der Baghis liegt gut versteckt.
   Zwei Wege führen ins Lager.

a) Sieh dir das Bild an. Siehst du die Wege zum Lager?

b) Male die beiden Wege farbig aus.

2. Im Lager der Baghis gibt es einen Tempel,
   also ein Gotteshaus.
   Kennt ihr einen Tempel?
   Oder kennt ihr ein anderes Gotteshaus?
   Beschreibt das Gebäude mündlich.

3. Munli und Lata lernen am Lagerfeuer eine Frau kennen. Was erfährst du über die Frau?
   Kreuze die richtigen Sätze an.
   Tipp: Lies noch einmal Seite 28.

   ❏ Die Frau am Lagerfeuer heißt Karla.
   ❏ Die Frau am Lagerfeuer heißt Kamla.
   ❏ Sie hat ein schmales Gesicht mit Narben.
   ❏ Sie hat ein rundliches Gesicht mit Narben.
   ❏ Die Frau kümmert sich um Munli und Lata.
   ❏ Die Frau schimpft mit Munli und Lata.

4. Kamla möchte für eine Nacht Mutter für Munli und Lata sein. Was sagt sie genau?
   Vervollständige die Sprechblase.
   Tipp: Lies noch einmal Seite 28.

   Na, kommt schon mit.
   Dann bin ich eben für eine Nacht
   eure _____.

5. Kamla gibt Munli und Lata Chapattis zu essen.
   Das sind runde flache Fladenbrote.
   Welches der Bilder zeigt ein Fladenbrot? Kreuze an.

   ❏    ❏    ❏

6. Munli und Lata lernen nicht nur Kamla kennen.
   Wen lernen sie noch kennen?
   Schreibe die Namen in die richtigen Kästchen.

   Jeschuvant / Meera / Ketaki

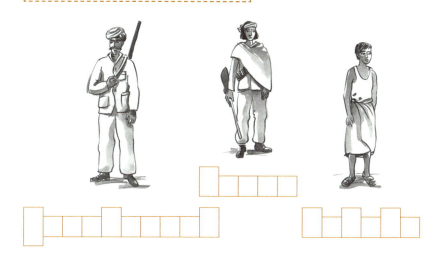

7. Munli beschreibt Meera. Wie sieht Meera aus?
   Schreibe Munlis Beschreibung ab.
   Auf Seite 30 in den Zeilen 70 bis 78 findest du sie.
   Schreibe in dein Heft.

   So schreibe ich Sätze ab:
   1 Ich lese den ersten Satz.
   2 Ich ziehe Trennstriche: „Auf einem Diwan | saß | …"
   3 Ich präge mir die Wörter bis zum Strich genau ein.
   4 Ich schreibe diese Wörter auf.
   5 Ich vergleiche.
   6 Ich korrigiere Fehlerwörter.
   7 Ich schreibe Teil für Teil so ab.

Aufgaben

8. Meera liegt auf einem Diwan.

   a) Sieh dir das Bild an.

   b) Lies den folgenden Sachtext.

   > Diwan
   >
   > 1 Diwan ist ein anderes Wort für „**Sofa**".
   > 2 Sofas sind gepolsterte **Sitz- und Liegemöbel**.
   > 3 Das Wort Diwan stammt aus der türkischen Sprache
   > 4 („divan") und der persischen Sprache („dīwān").

9. Was hast du im Sachtext erfahren?
   Beantworte die Fragen in Stichworten.

   Welches andere Wort für „Diwan" kennst du?

   das _____

   Aus welchen Sprachen stammt das Wort „Diwan"?

   _T_ _____, _P_ _____

10. Meera fragt Munli und Lata, warum sie
    von zu Hause fortgelaufen sind.
    Was könnten Munli und Lata erzählen?
    Spielt in der Klasse vor.

11. Trage in die Liste auf Seite 96 ein:

    Diwan   → das Sofa
    Chapatti → das Fladenbrot

Kapitel 5

Das Leben im Lager der Baghis war dem Leben in anderen Dörfern Indiens ähnlich: Die Frauen arbeiteten, kümmerten sich um die Gärten und die Tiere. Die kleinen Kinder spielten und die Männer schliefen in der Sonne.
Lata war von diesem Leben enttäuscht. Sie fragte Kamla, ob es im Lager immer so langweilig wäre.
„Langweilig?", wiederholte Kamla. „Findest du es langweilig? Ich finde es schön. Von mir aus kann es noch länger nur Ruhe und Frieden geben."
Kamla passte auf mich und Lata gut auf. Sie gab Acht,

dass wir uns gründlich wuschen und genug zu essen bekamen. Wir konnten keine bessere Mataji haben. Auch Großvater Dschaya sah jedes Mal nach uns, wenn er ins Lager kam. Er machte Scherze und lachte mit uns. Nach ein paar Wochen im Lager freundete ich mich mit Ketaki an. Er war der Junge, der Lata und mich zu Meeras Höhle geführt hatte. Ketaki und ich sprachen oft miteinander. Wir erzählten uns von unseren Familien und unserem früheren Leben. Ich hatte das Gefühl, dass mich Ketaki verstand. Er versetzte sich in meine Lage, schimpfte auf Adoor Ram und die ungerechte Behandlung der Mädchen in den Dörfern. Außerdem träumte er oft von einem Land, in dem alle Menschen die gleichen Rechte haben.

Eines Abends, als wir alle zusammensaßen, kam Großvater Dschaya ins Lager geeilt. Er lief sofort zu Meera. Ich wartete gespannt, was passierte. Meera trat aus ihrer Höhle. Sie ging in den Tempel, um zu beten. Ihr Erscheinen war wie ein Zeichen gewesen. Jetzt liefen auch die anderen Frauen zum Tempel. Nach dem Beten ging Meera zurück in ihre Höhle. Kamla erklärte uns, dass Großvater Dschaya Meera Hinweise für einen Überfall gegeben hatte. Nach einer Weile kam Meera aus ihrer Höhle. Sie hatte ein Gewehr in der Hand und einen Patronengurt über der Brust. Feierlich sprach sie zu uns: „Viele Wochen haben wir ein ruhiges Leben genossen. Nun haben es die Götter so eingerichtet, dass wir wieder Arbeit bekommen. Es hat sich eine reiche Jagdgesellschaft in unsere Wälder gewagt. Die Reichtümer werden zwar bewacht, aber wir werden darum kämpfen."

43 Lautes Gemurmel der Menge setzte ein.
44 Die meisten Männer und Frauen liefen in ihre Hütten
45 und bewaffneten sich.
46 Auch Kamla kam mit einem Gewehr in der Hand zu uns.
47 „Ihr bleibt hier. Das ist noch nichts für euch", sagte sie.
48 „Die beiden gehen mit", widersprach Chitta,
49 der heilige Mann. „Es werden Träger gebraucht."
50 Lata freute sich. Ich aber hatte Angst.
51 „Was ist mit dir?", fragte ich Ketaki.
52 „Ich bleibe im Lager bei den alten Frauen und den
53 Kindern."
54 „Was bist du denn? Ein Kind oder eine alte Frau?", fragte
55 Jeschuvant und lachte Ketaki aus.
56 „Er ist ein Mann, eine andere Art Mann. So wie ich
57 eine andere Art Frau bin. Verstehst du das?", mischte
58 sich Meera ein. Sie mochte Ketaki.
59 Zum ersten Mal verstand ich, dass man auch anders sein
60 konnte, als von einem erwartet wurde. Meera war nicht
61 wie die meisten Frauen in Indien. Und Ketaki war nicht
62 wie die meisten Männer in Indien. Wenn Meera anders
63 war, warum nicht auch ich?

64 Bevor wir aufbrachen, ergriff Jeschuvant noch einmal
65 das Wort.
66 „Die reiche Jagdgesellschaft ist in den Wäldern
67 zwischen den Bergen unterwegs. Schmuck, Geld,
68 Gewehre und schöne Kleider sollen sie dabeihaben.
69 Das alles wollen wir uns jetzt holen."
70 Wir verließen das Lager mitten in der Nacht.
71 Ganz vorn liefen Meera und Jeschuvant.

Fortsetzung folgt

1. Lata findet das Leben im Lager der Baghis langweilig.
   Wie ist das Leben dort?
   Vervollständige die Sätze.
   Tipp: Lies noch einmal Seite 35.

   Das Leben im Lager der Baghis ist dem Leben

   in anderen Dörfern Indiens _____:

   Die _____ arbeiten und kümmern sich

   um die Gärten und die Tiere. Die kleinen _____

   spielen. Die _____ schlafen in der Sonne.

2. Kamla und Großvater Dschaya kümmern sich
   um Munli und Lata. Wer tut was?
   Schreibe vier vollständige Sätze in dein Heft.
   Tipp: Lies noch einmal die Seiten 35 und 36.

	passt gut auf die Mädchen auf.
Kamla	
	sieht nach den Mädchen, wenn er im Lager ist.
Sie	
Großvater Dschaya	macht Scherze mit den Mädchen und lacht mit ihnen.
Er	gibt Acht, dass die Mädchen sich waschen und genug zu essen haben.

3. Was hast du im Kapitel über Ketaki erfahren?

a) Lies die Antwort.
   Von den Buchstaben ist aber nur die Hälfte zu sehen. Erkennst du die Wörter trotzdem?

   Ketaki ist der Junge, der Munli zu Meeras Höhle geführt hatte.
   Dieser Junge träumt oft von einem Land, in dem alle die gleichen Rechte haben.

b) Schreibe die Antwort in dein Heft.
   Denke auch an die Satzzeichen.

4. Munli und Ketaki erzählen sich von ihren Familien. Munli hat das Gefühl, dass Ketaki sie versteht. Was könnte Munli über Ketaki denken?
   Schreibe in die Denkblase.

5. Meera und die anderen Frauen gehen in den Tempel.
   Der Tempel ist das Gotteshaus im Lager.
   Was tun die Frauen dort? Vervollständige den Satz.
   Tipp: Lies noch einmal Seite 36.

   Meera und die Frauen _____ im Tempel.

6. Eine reiche Jagdgesellschaft ist in den Wäldern.
   Lies den folgenden Sachtext.

   > Die Jagdgesellschaft
   >
   > 1 Eine **Gruppe von Menschen,** die sich zu einer **Jagd**
   > 2 trifft, nennt man eine Jagdgesellschaft.
   > 3 In **früheren Zeiten** war das Jagen von Tieren
   > 4 oft nur den **Reichen und Mächtigen** erlaubt.
   > 5 **Heute** gelten **strenge Vorschriften,** welche Tiere
   > 6 wo gejagt werden dürfen. Denn manche **Tierarten**
   > 7 **drohen auszusterben.** Vor allem **Tierschützer**
   > 8 setzen sich für die Tiere ein.

7. Was hast du im Sachtext erfahren?
   Beantworte die Fragen mit vollständigen Sätzen.
   Schreibe die Fragen und die Antworten in dein Heft.

   – Was ist eine Jagdgesellschaft?
   – Wem war das Jagen in früheren Zeiten erlaubt?
   – Warum gelten heute strenge Vorschriften
     für das Jagen von Tieren?

8. Was wollen die Baghis der Jagdgesellschaft wegnehmen?

a) Sieh dir die Bilder an.

den Sch_____   die Kl_____

das G_____   die Gew_____

b) Ergänze die Nomen unter den Bildern.

9. Wer verlangt, dass Munli und Lata an dem Überfall teilnehmen?
Kreuze an.
Tipp: Lies noch einmal Seite 37.

❏ Jeschuvant   ❏ Chitta, der heilige Mann

10. Munli möchte nicht einem Mann untergeordnet leben.
Wie möchte Munli leben?
Kreise die passenden Adjektive ein.

unterdrückt   *frei*   *abhängig*   *unabhängig*

Kapitel 6

Wir liefen die ganze Nacht hindurch, bis wir tief im Wald die Jagdgesellschaft erreichten.
Bei Sonnenaufgang schlichen wir uns an das Lager heran. Latas Gesicht glühte aufgeregt. Mir klopfte das Herz vor Angst so schnell, dass mir beinahe schwindlig wurde. Kamla bemerkte es.

„Ich hab ja gewusst, dass solch ein Überfall noch nichts für euch ist", flüsterte sie.

Meera gab ein Zeichen und alle Baghis warfen sich ins hohe, dichte Gras und krochen voran. Kamla zog mich mit sich. Ich sah, wie Lata schneller wurde. Sie wollte zu Meera an die Spitze.

Als wir nahe genug am Lager der Jagdgesellschaft waren, machten wir Halt.
Wir beobachteten sie für eine Weile. Die reichen Inder bekamen vor hohen weißen Zelten ihr Frühstück serviert.
Ich fühlte für einen Moment Hass in mir aufsteigen.
Männer mit Turbanen auf dem Kopf und Hunden an der Leine bewachten das Lager.
„Hör zu, Munli", flüsterte Kamla, „wenn geschossen wird, legst du dich ganz flach auf die Erde und hältst den Kopf unten. Wenn wir loslaufen, bleibst du liegen. Erst wenn du keine Schüsse mehr hörst, darfst du gucken. Sobald wir dann bei den Zelten sind, kommst du und nimmst dir, was du willst."
Ich nickte. Aber vor meinen Augen verschwamm alles.
Wenn wir diese Menschen jetzt überfielen, handelten wir dann nicht gegen den Willen der Götter?
Würden sie uns dafür nicht bestrafen? Unsicherheit und Zweifel ergriffen mich.
Der erste Schuss riss mich aus meinen Gedanken.
Meera hatte ihn abgegeben. Ich sah, wie einer der Männer mit Turban sein Gewehr fallen ließ, sich ans Herz fasste und umfiel. Die anderen Bewacher warfen sich auf die Erde und schossen zurück.
Die reichen Männer und Frauen sprangen auf und liefen in ihre Zelte. Sie flüchteten vor uns. Die Reichen fürchteten uns. Diese Gefühle durchströmten mich jetzt: Stolz auf unsere Stärke und auch Gier nach Reichtum.
Ich konnte den Blick nicht von dem Kampf abwenden.
Auf ein neues Zeichen Meeras stürmten die Baghis jetzt das Lager. Die Reichen wurden zusammengetrieben und ihre Bewacher getötet.

Frauen weinten und Männer flehten um Gnade. Doch das war den Baghis gleichgültig. Sie nahmen sich das Geld, die Gewehre, die Kleider und den Schmuck der Reichen. Jetzt stürzte auch ich mich darauf. Noch heute erschreckt mich, dass ich dazu fähig war: ich, die friedliche Munli. Was war da in mir, was ich nicht kannte? Ich stahl Dinge, von denen ich sonst nur träumen konnte. Dann flohen wir. Jeden Moment konnten Polizisten aus den umliegenden Dörfern kommen. Die lauten Schüsse waren sicher weit zu hören gewesen. Wir waren Diebe. Und Diebe wurden gejagt. Wir hatten nach dem Überfall Furcht: Furcht vor den Polizisten, vor der Rache der Reichen und der Rache der Götter.

Als wir wieder im Lager auf dem Berg waren, versammelten wir uns vor Meeras Höhle. Alles Gestohlene wurde vor ihre Füße gelegt. Sie sah sich alles an, behielt einiges für sich und reichte das meiste an uns zurück. Ich hatte außer einem Nasenring einen roten Sari aus Seide, ein Schmuckkästchen und ein tragbares Radio mitgenommen. Den Nasenring und das Schmuckkästchen durfte ich behalten. Meera freute sich besonders über das Radio.

Am Abend feierten wir ein großes Siegesfest. Es begann mit einem Festessen. Wir saßen alle um das Holzfeuer und nahmen von den Fischen, dem Butterreis und den Chapattis. Ich war neugierig, wer zuerst essen würde, Meera oder Jeschuvant? Gewöhnlich aßen

in Indien die Männer zuerst. Meera war zwar eine Frau, aber die Anführerin der Männer. Meera und Jeschuvant griffen im selben Moment nach den Fischen. Meera aß gemeinsam mit den Männern. Da griff auch ich zu und zum ersten Mal in meinem Leben aß ich gleichzeitig mit Männern. Ich fühlte mich berechtigt dazu und war stolz darauf. Doch dann überkam mich große Scham. Ich schämte mich für den Überfall und das, was ich getan hatte. Lata schimpfte deshalb mit mir und wollte nicht länger bei mir sitzen. Sie hielt mich für feige und dumm. Sie suchte sich einen anderen Platz. Großvater Dschaya sah mich allein am Feuer sitzen, kam zu mir und sprach mit mir. „Ich weiß, du schämst dich für den Überfall. Deshalb lass dir etwas von mir sagen: Auch ich habe einmal von einer besseren Welt geträumt. Aber glaube mir, es gibt keine Gerechtigkeit: Es gibt nur wenige reiche Familien und viele arme. Die Reichen geben uns Armen nichts ab, sie lassen uns verhungern und verdursten."
„Aber dürfen wir die Reichen bestehlen und ihre Wachen ermorden? Es ist nicht richtig, was wir getan haben. Die Menschen hatten Angst vor uns", sagte ich voller Trauer.

Fortsetzung folgt

1. Die Baghis beobachten die Jagdgesellschaft.
   Was sehen sie? Beschreibt das Bild mündlich.
   Tipp: Die Nomen im Kasten helfen euch.

   > die Zelte / Männer mit Turban / bewachen / bedienen

2. Wie soll sich Munli bei dem Überfall verhalten?
   Vervollständige die Sätze.

   Munli soll sich ganz flach auf die Erde _____.
   _{setzen / legen}

   Sie soll den Kopf _____ halten.
   _{oben / unten}

   Wenn die anderen loslaufen, soll sie _____
   _{liegen / sitzen}

   bleiben. Erst wenn sie keine Schüsse mehr hört,

   darf sie _____. Sobald die anderen
   _{gucken / sprechen}

   bei den Zelten sind, darf sie kommen und sich

   _____, was sie will.
   _{ansehen / nehmen}

3. Im Kapitel werden Munlis Gefühle
   durch verschiedene Nomen ausgedrückt.
   Tipp: Lies noch einmal das Kapitel.

a) Welches Gefühl hat Munli vor dem Überfall?
   Unterstreiche das richtige Nomen grün.

b) Welche Gefühle hat Munli während des Überfalls?
   Unterstreiche die richtigen Nomen rot.

c) Welche Gefühle hat Munli nach dem Überfall?
   Unterstreiche die richtigen Nomen blau.

   die Gier   die Scham   die Angst

   die Trauer   der Stolz   die Furcht

4. In Indien gibt es wenige Menschen, die sehr reich
   sind. Viele Menschen sind dort sehr arm.
   Die Armen und die Reichen verstehen sich meist nicht.
   Sprecht in der Klasse über diese Fragen:
   – Warum kommt es zu Problemen
     zwischen den Armen und den Reichen?
     Warum hassen sie sich manchmal sogar?
   – Was könnte helfen, damit sich Arme und Reiche
     besser verstehen?

5. Munli schämt sich für den Überfall.
   Wie reagiert Lata? Wie reagiert Großvater Dschaya?
   Unterstreiche jeweils den richtigen Satz farbig.

   Lata hat Verständnis und tröstet ihre Freundin.

   Lata beschimpft Munli und setzt sich von ihr weg.

   Großvater Dschaya beschimpft sie und geht weg.

   Großvater Dschaya geht zu ihr und spricht mit ihr.

6. Großvater Dschaya sagt zu Munli:
   „Die Reichen geben uns Armen nichts ab, sie lassen uns verhungern und verdursten."
   Was erwidert Munli? Vervollständige die Sprechblase.
   Tipp: Lies noch einmal Seite 46.

   Aber dürfen wir die Reichen _____

   und ihre Wachen _____?

   Es ist _____, was wir

   getan haben.

   Die Menschen hatten _____

   vor uns.

7. In Munlis Heimatdorf ist manches anders als bei den Baghis.
Wo gelten beim Essen welche Regeln?
Verbinde so, dass die Aussagen stimmen.

| In Munlis Heimatdorf | dürfen Frauen mit den Männern gleichzeitig essen. |

| Bei den Baghis | dürfen zuerst die Männer essen. Die Frauen dürfen erst nach den Männern essen. |

8. Munli isst zum ersten Mal in ihrem Leben gleichzeitig mit den Männern. Wie fühlt sie sich?
Beantworte die Frage mit einem vollständigen Satz.
Tipp: Lies noch einmal Seite 46.

_____

_____

9. Im Kapitel kommen diese indischen Wörter vor:
Sari und Chapatti.
Weißt du noch, was die Wörter bedeuten?
Schreibe es auf die Linien.
Tipp: Schlage die Wörter auf Seite 96 nach.

Sari: → _____

_____

Chapatti: → _____

Kapitel 7

In den nächsten Wochen brachen kleine Gruppen aus unserem Lager zu Überfällen auf. Ich hatte Angst, dass ich mitmusste. Doch ich hatte Glück: Ich durfte jedes Mal im Lager bleiben. Mit Lata versöhnte ich mich wieder, aber unsere Freundschaft veränderte sich. Ich dachte jetzt auch öfter an mein Heimatdorf, an meine Eltern und

meine Geschwister. Aber zurück wollte ich nicht.
Ich hatte neue Freunde gefunden, Kamla und Ketaki
zum Beispiel. Sie wollte ich nicht verlassen.
Auch an das Leben im Lager hatte ich mich gewöhnt.

Während die Tage vergingen, wurde die Hitze immer
unerträglicher. Tagsüber saßen wir nur noch
im Schatten. Abends wuschen wir Wäsche, kochten und
aßen.
Die heiße Sonne hatte bald alles vertrocknen lassen.
Viele Tiere starben von der Hitze oder weil ihnen Wasser
fehlte. Die Dürre am Ende der Trockenzeit war
besonders schlimm, denn es gab auf den Feldern
keine Pflanzen mehr.
Eines Nachmittags färbte sich der Himmel gelb. Dies war
das Zeichen, dass sich ein Sandsturm näherte.
Am nächsten Morgen war er da: Der Sand prasselte
auf unsere Zelte und es stürmte den ganzen Tag.
Der Sand drang durch die kleinsten Ritzen.
Lata und ich hielten uns die Hände vors Gesicht,
damit die winzigen Körner nicht in Mund, Augen und
Nase drangen. Am Abend flaute der Wind plötzlich ab.

Nach dem Sandsturm setzte ein Unwetter
mit heftigem Regen ein.
Es goss tagelang in Strömen. Kein Zelt und keine Hütte
im Lager hielt dem Monsunregen stand, Und so zogen
wir alle in Meeras große Höhle. Viele Tage verbrachten
wir dort auf engstem Raum. Wir wurden fast alle krank.
Eines Morgens hörte es endlich auf zu regnen.
Als wir vor die Höhle traten, sahen wir den Schaden.

37 Nichts war uns geblieben, das Lager gab es nicht mehr.
38 Alles war fortgeschwemmt worden.
39 „Keine Angst", sagte Kamla zu mir. „Wir werden alles
40 wieder aufbauen. Die Hauptsache ist doch, dass wir
41 leben."
42 Ich nickte. Wir hatten das Unwetter überlebt!
43 Aber nicht alle hatten so viel Glück gehabt:
44 Großvater Dschaya und viele andere aus dem Dorf
45 am Fuß der Berge lebten nicht mehr. Sie waren
46 in den Wassermassen ertrunken. Das machte mich
47 sehr traurig.
48 Ich dachte an Mataji und Pitaji und meine Geschwister.
49 Lebten sie noch? Stand unsere Hütte noch?
50 War jemand verletzt worden?
51 So viele Fragen, so wenige Antworten – und dabei
52 hatte die Regenzeit erst begonnen.
53 Wir hatten jede Menge Probleme. Nicht nur
54 unsere Hütten, sondern auch unsere Vorräte waren
55 aufgebraucht oder fortgeschwemmt. Wir hatten
56 nichts mehr zu essen. Immer wieder zogen Männer los,
57 um Reis- und Gemüsefelder zu suchen. Doch die Männer
58 kamen mit leeren Taschen zurück. „Es gibt nichts
59 auf den Feldern. Der Monsunregen hat auch die Bauern
60 arm gemacht", klagte einer der Männer.
61 Jeschuvant schlug schließlich vor:
62 Wir sollten reiche Kinder entführen und Lösegeld
63 von den Eltern erpressen.
64 Die alte Svatra rief: „ Meera – Mutter! Das wirst du
65 doch nicht zulassen!"
66 Doch Meera sagte: „Es handelt sich um die Kinder
67 der Reichen. Sind die dir so ans Herz gewachsen?"

68 Jetzt erst begriffen wir, dass die Entführung der Kinder
69 Meeras Plan war.
70 „So etwas tust du doch nicht, Meera!", rief Ketaki
71 aufgebracht. Er sah Meera ungläubig an. „Nicht du!"
72 „Du Träumer!" Meera lachte laut und böse. „Wir sind alle
73 Baghis – und Banditen!"
74 „Nein!", schrie Ketaki. Sein Kopf glühte und er blickte
75 Meera flehend an. „Du bist Meera, die Mutter
76 der Baghis. Unsere Mutter …"
77 Meera hörte auf zu lachen. Ketaki fiel vor ihr auf die Knie
78 und flehte sie an: „Meera! Mutter! Ich bitte dich. Ich bitte
79 dich!"
80 Aber Meera schrie ihn an: „Hör auf mit den Klagen!
81 Wir haben keine Wahl. Nur so können wir überleben!
82 Wir brauchen Geld, um Essen zu kaufen!"
83 Jetzt sprach Kamla mit ruhiger Stimme zu uns. „Meera
84 hat Recht. Sollen wir etwa verhungern? Wir werden
85 auf die reichen Kinder sehr gut aufpassen. Niemand wird
86 ihnen etwas zuleide tun. Wenn wir das Lösegeld haben,
87 können sie nach Hause."
88 Es war im Lager ganz still geworden.

89 Am nächsten Tag brachen wir auf. Wir erreichten
90 das Dorf, in dem viele Reiche lebten, erst in der Nacht.
91 Meera teilte uns in Gruppen ein.
92 Die erste Gruppe sollte in die Hütten eindringen,
93 die Eltern überwältigen und die Kinder wegschleppen.
94 Das alles musste ganz leise geschehen, um niemanden
95 sonst im Dorf zu wecken.
96 Die zweite Gruppe sollte die entführten Kinder
97 am Dorfrand bewachen. Ich gehörte zur zweiten Gruppe.

Als die ersten Baghis mit Kindern zu uns kamen, fesselten wir sie an Händen und Füßen. Die Augen der Kinder waren vor Furcht geweitet. Die angstvollen Blicke trafen mich tief. Ich hätte die Kinder am liebsten gestreichelt und beruhigt. Aber ich traute mich nicht. Auf einmal fiel ein Schuss. Kurz darauf hörten wir einen Schrei, wie ich ihn noch nie gehört hatte. Es lag Wut darin, Schmerz, Überraschung, Enttäuschung und Hilflosigkeit. „Meera! Das war Meera!" Ketaki sprang auf und lief in Richtung des Dorfes. Ich wollte ihm folgen, aber Lata hielt mich fest. Wir lauschten und hörten weitere Schüsse. Dann kam ein Baghi angelaufen. „Flieht!", schrie er. „Flieht!" Wir rannten so schnell wir konnten.

Fortsetzung folgt

1. Munli denkt oft an ihre Eltern.
   Aber sie will nicht zurück.
   Wen will sie nicht verlassen? Kreuze an.
   Tipp: Lies noch einmal Seite 52.

   ❏ Meera   ❏ Kamla   ❏ Jeschuvant   ❏ Ketaki

2. Im Kapitel wird das wechselnde Wetter beschrieben.
   Wie ist das Wetter jeweils?
   Verbinde so, dass die Aussagen stimmen.
   Tipp: Lies noch einmal die Seiten 52 und 53.

Zuerst	setzt heftiger Regen ein.
Dann	wird es immer heißer.
Schließlich	folgt ein Sandsturm.

3. Das Wetter ist in Indien anders als bei uns in Europa.
   Bei uns gibt es vier Jahreszeiten.
   Wie heißen sie? Schreibe auf die Linien.

   der _Früh_____   der _S_____

   der _H_____   der _____

4. In Indien gibt es keine vier Jahreszeiten wie bei uns. Aber auch dort ändert sich das Wetter im Laufe eines Jahres. Lies den folgenden Sachtext.

> Der Monsun
>
> 1 In Indien gibt es die **Trockenzeit** und die **Regenzeit**.
> 2 Beide Jahreszeiten beginnen mit dem Wind **Monsun**.
> 3 Dieser Wind **wechselt zweimal im Jahr**
> 4 **die Richtung.** Immer dann beginnt entweder
> 5 **eine Trocken-** oder **eine Regenzeit.** Der Monsun
> 6 bringt in der Regenzeit **starken Regen** mit sich.
> 7 In der Trockenzeit **regnet es fast gar nicht.**

5. Welche Fragen kann man zu dem Sachtext stellen?

a) Vervollständige die Fragen.

   > Wann / Wie / Was / Wie oft

   – _____ heißt der Wind, der die Trocken- und die Regenzeit einleitet?

   – _____ im Jahr wechselt der Monsun die Richtung?

   – _____ bringt der Monsun in der Regenzeit mit sich?

   – _____ regnet es fast gar nicht?

b) Beantworte die Fragen.
   Schreibe die Fragen und die Antworten in dein Heft.

6. Trage in die Liste auf Seite 96 ein:

   der Monsun → ein Wind, der die Richtung wechselt und die Regen- und die Trockenzeit einleitet

7. Am Ende der Trockenzeit herrscht sehr große Hitze. Mit der Regenzeit kommt ein heftiger Monsunregen. Was bedeutet dies jeweils für das Leben der Baghis? Schreibe vier vollständige Sätze in dein Heft.

Durch die heiße Sonne und den fehlenden Regen	und weil ihnen Wasser fehlte gestorben.
Die meisten Tiere waren durch die Hitze	war in der Trockenzeit alles vertrocknet.
Die Baghis haben nach der Regenzeit nichts mehr zu essen,	weil alle Hütten fortgeschwemmt wurden.
Nach der Regenzeit müssen die Baghis das Lager neu aufbauen,	weil alle Vorräte aufgebraucht sind und auf den Feldern nichts mehr wächst.

8. Meera hat eine Idee, wie die Baghis Lebensmittel beschaffen können. Welche Idee hat sie? Vervollständige die Antwort.

   Meera will mit den Baghis die Kinder der _____
   Armen / Reichen

   entführen. Dann sollen die Baghis _____
   Lösegeld / Lebensmittel

   fordern, damit sie sich _____ kaufen können.
   Schmuck / Lebensmittel

9. Viele Baghis finden Meeras Plan grausam. Warum folgen die Baghis Meeras Plan dennoch? Sprecht in der Klasse darüber.

10. Munli hat bei der Entführung die Aufgabe, die entführten Kinder zu bewachen. Woran erkennt Munli die große Angst der Kinder? Ergänze die Satzanfänge.
    Tipp: Lies noch einmal Seite 55.

    Die Augen _____.

    Ihre Blicke _____.

11. Plötzlich fällt ein Schuss und ein Todesschrei ist zu hören. Wer hat den Schrei vermutlich ausgestoßen? Schreibe den Namen in die Kästchen.

Kapitel 8

1 **W**ir waren froh, die Flucht geschafft zu haben. Aber ich
2 empfand auch große Traurigkeit – und Sorge um Ketaki.
3 Er war noch nicht ins Lager zurückgekehrt. War er auch
4 umgekommen? Wir warteten die ganze Nacht
5 am Lagerfeuer auf ihn und weitere Überlebende.

6 Dann sah ich Ketaki. Er, Jeschuvant, Kamla und
7 einige andere Überlebende brachten die tote Meera

auf einer Trage zum Lager. Meeras Gesicht war
mit einem Tuch bedeckt. Alle anderen Baghis, die nicht
ins Lager zurückgekehrt waren, mussten ebenfalls tot
sein. Tiefe Trauer breitete sich aus.
Die Frauen begannen, Meeras Verbrennung
vorzubereiten.
Der Körper der Toten wurde mit Ghee [sprich: Gie]
eingerieben und auf einen Scheiterhaufen gelegt.
Dort wurde Meeras Leichnam mit kostbarem Sandelholzöl begossen. Dann wurde ein weißes Tuch
über den Körper gedeckt. Wir Mädchen bestreuten
das Tuch mit Blumen. Die alte Svatra gab Ghee
ins Feuer, damit das Feuer besser brannte.
Außerdem goss sie Honig hinein und streute
duftende Kräuter ins Feuer.
Ketaki war es, der den Scheiterhaufen anzündete.
Zum Schluss sang die alte Svatra ein Lied.

Als es Abend wurde, war das Feuer erloschen und
Meeras Leichnam zu Asche zerfallen. Ketaki füllte
die Asche in ein Gefäß, das einer Vase ähnelte.
Damit machte er sich auf den Weg zum heiligen Fluss
Ganges. Dort wollte er Meeras Asche ausstreuen.
Als Ketaki fort war, brach zwischen den Männern
ein Streit aus. Sie stritten, wer Meeras Nachfolger
werden sollte.
Jeschuvant behauptete, dass Meera sicher ihn
als Nachfolger bestimmt hätte. Aber niemand wollte
Jeschuvant als Anführer. Nach langem Hin und Her
wurde Vasu zum neuen Anführer gewählt.
Als wir später in Kamlas Hütte waren, wurde mir immer

heißer. Mein Hals war trocken und mein Kopf voll
mit schrecklichen Bildern. Plötzlich fiel ein Schuss.
Leise schlichen wir aus der Hütte und trafen
vor Meeras Höhle auf Vasu. Er hatte Jeschuvant
erschossen.
„Jeschuvant wollte nicht, dass ich der Anführer bin.
Und fortgehen wollte er auch nicht!", rief Vasu.
Der Anblick von Jeschuvants Leiche war zu viel für mich.
Mir wurde schrecklich elend zumute.
Ich lief in Kamlas Hütte und weinte hemmungslos.
„Du bist ja ganz heiß", flüsterte Kamla erschrocken.
Sie war mir gefolgt. Sie legte ihre Hand auf meine Stirn.
„Hoffentlich hast du kein Fieber."
„Das ist mir egal", sagte ich. „Ich will nur nicht länger hier
im Lager bleiben."
Das Leben der Baghis war mir zu brutal, zu grausam.
Ich wollte Ketaki zum Fluss folgen.
Kamla musste geahnt haben, was in mir vorging.
Sie packte etwas zu essen ein und sagte:
„Hier, Munli, lauf hinter Ketaki her und bring ihm das.
Er ist ohne Essen aufgebrochen."
Sofort rannte ich los, den Bergweg hinab. Doch ich holte
Ketaki nicht ein. Ich irrte durch einen Wald und wusste
bald nicht mehr, wo ich war.
Dann hörte ich plötzlich Stimmen. Vor mir tauchten
drei Männer auf. Zwei der Männer kannte ich nicht.
Aber ich konnte im Mondlicht erkennen, dass sie
Polizeiuniformen trugen. Den dritten Mann kannte ich –
es war Chitta, der heilige Mann. Ich war überrascht.
Ich hatte angenommen, er sei ums Leben gekommen.

Fortsetzung folgt

1. **Die Baghis verbrennen den Körper der toten Meera.
Lies den folgenden Sachtext.**

   > Feuerbestattung
   >
   > 1 Bei einer **Feuerbestattung** wird
   > 2 der **Körper eines Verstorbenen,**
   > 3 der so genannte **Leichnam, verbrannt.**
   > 4 Die **Asche** des Verstorbenen wird in einer **Urne,**
   > 5 einem besonderen Gefäß, aufbewahrt.
   > 6 Feuerbestattungen gibt es seit vielen Jahrhunderten.

2. **Was hast du im Sachtext erfahren?
Beantworte die folgenden Fragen mit Stichworten.**

   – Wie wird der Körper eines Verstorbenen genannt?

   der _____

   – Was passiert bei einer Feuerbestattung
   mit dem Leichnam?

   wird _____

   – Wozu verwendet man eine Urne?

   zur Aufbewahrung der _____

3. **Bei einer Feuerbestattung in Indien zündet
der älteste Sohn den Scheiterhaufen an.
Wer übernimmt bei Meera diese Aufgabe? Kreuze an.**

   ❏ Munli   ❏ Jeschuvant   ❏ Ketaki

4. Was geschieht bei der Feuerbestattung im Lager der Baghis?
Ergänze passende Satzanfänge.

> Dort / Zuerst / Zum Schluss / Dann /
> Nun / Danach / Außerdem / Jetzt

_____ wird der Körper der Toten mit Ghee eingerieben und auf einen Scheiterhaufen gelegt.

_____ wird Meeras Leichnam mit kostbarem Sandelholzöl begossen.

_____ wird ein weißes Tuch über den Körper gedeckt. _____ bestreuen Mädchen das Tuch mit Blumen. _____ gibt die alte Svatra Ghee ins Feuer, damit das Feuer besser brennt.

_____ gießt sie Honig hinein und streut duftende Kräuter ins Feuer.

_____ zündet Ketaki den Scheiterhaufen an.

_____ singt die alte Svatra ein Lied.

5. Meeras Asche soll von Ketaki in einen heiligen Fluss gestreut werden. Wie heißt der Fluss? Kreuze an.
Tipp: Lies noch einmal Seite 61.

❏ Laufes   ❏ Ganges   ❏ Standes

6. Es gibt Streit um die Nachfolge von Meera.
   Beantworte die folgenden Fragen
   mit vollständigen Sätzen.
   Schreibe die Fragen und die Antworten in dein Heft.

   – Wer möchte unbedingt Meeras Nachfolger werden?
   – Wer wird als neuer Anführer gewählt?
   – Was tut der neue Anführer später?

7. Munli möchte nicht länger bei den Baghis bleiben.
   Welche Gründe hat sie?
   Kreuze an.

   ❑ Das Leben der Baghis ist Munli zu langweilig.
   ❑ Das Leben der Baghis ist Munli zu brutal, zu grausam.
   ❑ Munli will Ketaki zum Fluss folgen.
   ❑ Munli will zurück in ihr Heimatdorf zu ihren Eltern.

8. Trage in die Liste auf Seite 96 ein:

   Ghee → ein wertvolles Butterfett
   der Ganges → ein großer Fluss in Indien

9. Im Wald stehen plötzlich Chitta, der heilige Mann,
   und zwei Polizisten vor Munli.
   Wie geht die Geschichte wohl weiter?
   Stellt in der Klasse Vermutungen an.

Kapitel 9

Die Polizisten hielten mich fest. Ich schlug die Hände vor das Gesicht und begann zu weinen.
Dann hörte ich Schüsse in der Ferne. Die Schüsse kamen aus der Richtung des Baghi-Lagers.
Einer der Polizisten drohte mir mit einem Stock.
„Jetzt ist es aus für euch Banditen!", sagte er.
Irgendjemand musste uns alle verraten haben. Ich hoffte nur, dass Kamla und Lata fliehen konnten. Ich wurde zurück ins Lager und zu den anderen Gefangenen gebracht.

11 Kamla lebte, aber Lata war getötet worden.
12 Bei der Nachricht wurde mir schwindlig und ich verlor
13 für einen Moment das Bewusstsein.
14 Als ich wieder aufwachte, hatte ich hohes Fieber.
15 Immer wieder schlief ich ein und träumte von Lata.
16 Am Morgen des nächsten Tages wurden
17 alle Gefangenen den Berg hinuntergetrieben.
18 Nach einem anstrengenden Weg erreichten wir
19 Eisenbahnschienen. Die Polizisten stießen uns
20 in Transportwaggons. Diese Waggons waren dunkel
21 und stanken. Wir saßen auf dem Boden dicht
22 beieinander.
23 „Wo bringen sie uns hin?", schrie die alte Svatra.
24 „Wie lange werden wir eingesperrt bleiben? Ich war noch
25 nie eingesperrt!", rief eine andere Frau.
26 Aufgeregt schrien alle durcheinander.
27 Ohne eine Antwort zu geben, verschlossen die Polizisten
28 die Waggontüren. Der Zug setzte sich in Bewegung.
29 Kamla streichelte mich. „Du musst keine Angst haben,
30 Munli", flüsterte sie mir zu. „Ich helfe dir. Du wirst sehen,
31 ich helfe dir."
32 Kamla hatte herausbekommen, dass wir nach Allahabad
33 ins Gefängnis gebracht werden sollten. Und sie wusste
34 auch, warum uns Chitta verraten hatte.
35 Bei dem Entführungsversuch der Kinder war Chitta
36 von den Dorfbewohnern gefangen genommen worden.
37 Aber weil er ein heiliger Mann war, hatten sie ihn
38 am Leben gelassen und der Polizei übergeben.
39 Um freizukommen, hatte Chitta den Polizisten
40 das Versteck der Baghis verraten.
41 Nach einigen Stunden Fahrt hielt der Zug plötzlich an.

⁴² „Jetzt tue, was ich dir sage", flüsterte Kamla.
⁴³ Als die Polizisten die Tür öffneten, sprang sie heraus und
⁴⁴ schrie: „Wir haben einen Verletzten! Er schreit immerzu.
⁴⁵ Das ist nicht zu ertragen. Ihr müsst ihm die Kugel
⁴⁶ aus dem Arm herausschneiden."
⁴⁷ Es waren tatsächlich die Schreie eines Verwundeten
⁴⁸ zu hören.
⁴⁹ „Gut! Holt ihn heraus und legt ihn neben den Waggon.
⁵⁰ Aber rührt euch nicht von der Stelle!", sagte ein Polizist.
⁵¹ Kamla flüsterte mir zu: „Bleib immer dicht bei mir.
⁵² Wenn es so weit ist, kriech hinter meinem Rücken
⁵³ unter den Waggon. Klammere dich unter dem Waggon
⁵⁴ fest, als ob du mitfahren wolltest. Aber sobald der Zug
⁵⁵ anfährt, lässt du dich zwischen die Schienen fallen."
⁵⁶ „Komm mit mir!", bat ich Kamla.
⁵⁷ Aber sie schüttelte den Kopf.
⁵⁸ Als ein Polizist sein Messer am Arm des Verletzten
⁵⁹ ansetzte, flüsterte Kamla: „Wenn er schreit, geht es los!"
⁶⁰ Mein Hals wurde eng. Da! Der Verletzte schrie auf und
⁶¹ begann, um sich zu schlagen. Schon war ich
⁶² hinter Kamlas Rücken und unter dem Waggon
⁶³ verschwunden. Ich klammerte mich fest.
⁶⁴ Als der Zug seine Fahrt fortsetzte, ließ ich mich fallen.
⁶⁵ Ich presste mich auf die Erde zwischen die Gleise.
⁶⁶ Der Zug fuhr über mir hinweg und verschwand
⁶⁷ in der Ferne. Ich war frei!

Fortsetzung folgt

1. Jemand hat der Polizei den Weg zum Versteck der Baghis verraten.

a) Wer hat die Baghis verraten?
Schreibe auf die Linie.

_____ , *der* _____ *Mann*

b) Warum hat er die Baghis verraten?
Lies die Antwort am Faden.
Beginne bei „Er".

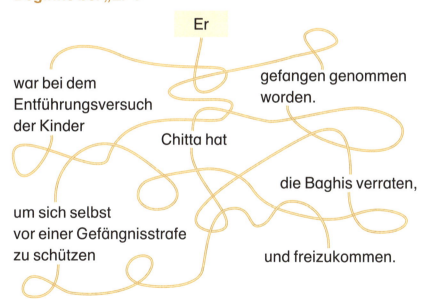

2. Munli erfährt von Latas Tod.
Wie fühlt sich Munli jetzt?
Sprecht in der Klasse darüber.

3. Die gefangen genommenen Baghis werden in dunkle, stinkende Zugwaggons gesperrt. Welche Gefühle könnten die Baghis haben? Sammelt passende Nomen an der Tafel.
Tipp: Die Wortanfänge im Kasten helfen euch.

> die A… / die Unsich… / die Wu… /
> die Verzwei… / die Pani… / die Hilflo…

4. Kamla gibt Munli Anweisungen zur Flucht. Die Sätze sind hier durcheinandergeraten. Nummeriere sie in der richtigen Reihenfolge.
Tipp: Lies noch einmal Seite 68.

☐ „Klammere dich dann unter dem Waggon fest, als ob du mitfahren wolltest."

☐ „Wenn es so weit ist, versteck dich hinter meinem Rücken und krieche unter den Waggon."

☐ „Bleib zuerst ganz nahe bei mir."

☐ „Aber sobald der Zug anfährt, lässt du dich zwischen die Schienen fallen."

5. Was ist Munli zum Schluss? Kreise ein.

gefangen   *frei*   *reich*   *krank*

Kapitel 10

1. Ich stand auf und sah mich in der Gegend um.
2. Ich schluckte meine Angst hinunter.
3. Meine Sehnsucht nach Kamla war groß.
4. Ab jetzt musste ich allein weiter. Vorsichtig lief ich
5. ein Stück die Gleise entlang. Sie würden mich zur Stadt
6. führen. Mein Ziel war die Stadt Allahabad.
7. Aber wie weit war die Stadt wohl entfernt? Ich hatte
8. nichts zu essen und nichts zu trinken bei mir.

Erst nach anderthalb Tagen sah ich ein Dorf.
Zum Glück fand ich in der Nähe einen kleinen See.
Ich lief hin, blickte mich vorsichtig um und sprang
ins Wasser.
Endlich konnte ich trinken! Jetzt fühlte ich mich besser.
Immer häufiger sah ich Dörfer. Ich hörte Menschen
reden und sah, wie sie aßen.
Mein Hunger wurde größer und größer.
Etwas abseits von einem Dorf entdeckte ich
einen Laden, in dem ein alter Mann Eier, Tee und Kekse
verkaufte. Ich näherte mich ihm und legte bittend
die Hände zusammen.
Er sah mich an und warf mir einen Keks zu.
Ich hatte gebettelt, zum ersten Mal in meinem Leben.
In dieser Nacht schlief ich in der Nähe des Dorfes.

Am nächsten Morgen stieß ich dann endlich
auf eine größere Straße. Obwohl ich die Straßenschilder
nicht lesen konnte, war mir klar, dass diese Straße
in eine Stadt führen musste. Aber wieder kamen erst
einmal nur Dörfer.
In einem Dorf war Markttag. Dort fragte ich einen Jungen,
ob es bis zur Stadt noch weit sei.
„Was ist weit?", fragte er. „Wenn du Flügel hast, bist du
noch heute Abend dort."
„Und wie lange brauche ich mit zwei müden Füßen und
einem hungrigen Bauch?", fragte ich.
„Zwei oder drei Tage." Dann lächelte er. „Warte,
für deinen hungrigen Bauch habe ich etwas."
Er brachte mir einen Maiskolben.
Ich bedankte mich und machte mich wieder auf den Weg.

Nach einer weiteren Nacht erreichte ich endlich
die Stadt Allahabad.
Es herrschte dichter Verkehr und die Luft war stickig.
Ein Strom aus Fahrzeugen in allen möglichen Farben
ergoss sich in die Straßen. Und überall drängten sich
Menschen und Kühe hindurch. Ein Fahrzeug hatte
drei Räder. So etwas hatte ich noch nie zuvor gesehen.
Auch solch einen Lärm wie in der Stadt hatte ich noch
nicht gehört: Die Autos hupten, die Motorroller knatterten
und dazwischen schrien Kinder.
Was war das für eine Welt? Wie konnte man hier leben?
Meine Angst wuchs, aber gleichzeitig auch
ein leiser Stolz: Niemand aus meiner Familie hatte
solch eine große Stadt je zu sehen bekommen. Ich aber
war mittendrin.
Ich lief umher und guckte mich um. Meine Gefühle
schwankten zwischen Begeisterung und Entsetzen
hin und her.
Irgendwann hatte ich genug gesehen und ich wurde auch
müde. Es war schon spät am Nachmittag. Wo sollte ich
hier einen Platz zum Schlafen finden? Ich lief weiter
durch die Straßen. Auf einmal stand ich an Treppen,
die zu einem breiten Fluss hinunterführten. Es war
der Fluss Ganges, erfuhr ich.
Ich, Munli, das Mädchen aus einem Dorf ohne Brunnen,
stand an dem heiligen Fluss.

Fortsetzung folgt

1. **Munli will nach Allahabad.**
   Wie findet sie den Weg dorthin?
   Streiche die falschen Sätze durch.

   Munli fragt Dorfbewohner nach dem richtigen Weg.
   Munli wartet auf den nächsten Zug und fährt
   nach Allahabad.
   Munli läuft vorsichtig die Gleise entlang nach Allahabad.
   Munli liest die Straßenschilder und folgt ihnen.

2. **Der Weg in die Stadt ist anstrengend.**
   Munli hat Durst und Hunger.
   Was trinkt und isst Munli?
   Trage die Wörter aus dem Kasten
   in die richtigen Lücken ein.

   > Keks / Wasser / Maiskolben

   Munli springt in einen See und trinkt das _____.

   Munli bettelt um einen _____.

   Munli bekommt einen _M_____

   von einem Jungen geschenkt.

3. Viele Menschen in Indien leben vom Betteln.
   Lies den folgenden Sachtext.

   > Armut in Indien
   >
   > 1 In Indien verdienen viele Menschen sehr **wenig** oder
   > 2 **gar kein Geld.** Deshalb **betteln** sie.
   > 3 Besonders Kinder, die auf der Straße leben, und
   > 4 alte Menschen haben oft keine andere Möglichkeit,
   > 5 als zu betteln. Viele Bettler bitten nicht um Geld,
   > 6 sondern um **etwas zu essen, Kleidung oder Arbeit.**

4. Was hast du im Sachtext erfahren?
   Beantworte die folgenden Fragen
   mit vollständigen Sätzen.
   Schreibe die Fragen und die Antworten in dein Heft.

   – Warum betteln viele Menschen in Indien?
   – Worum bitten viele Bettler in Indien?

5. Auch in Deutschland gibt es Menschen,
   die sich nichts zu essen kaufen können.
   Wie wird diesen Menschen geholfen?
   Sprecht in der Klasse darüber.

6. Munli hat noch nie einen solchen Lärm wie in der Stadt gehört. Was hört sie genau?
Schreibe drei Sätze als Antwort auf die Linien.

Munli hört	Autos hupen.
Sie hört	Kinder schreien.
	Motorroller knattern.

Munli _____

Sie _____

_____

7. Hier seht ihr eine Fahrrad-Rikscha.
Dieses Fahrzeug sieht Munli zum ersten Mal in ihrem Leben.
Beschreibt es mündlich.

8. Trage in die Liste auf Seite 96 ein:

Rikscha → ein Fahrrad-Taxi mit drei Rädern

9. Auch diese Fahrzeuge könnte Munli
   auf den Straßen von Allahabad sehen.
   Vervollständig die Nomen.

   M / O / F / L / Au

   das ▢to   das ▢ahrrad   der Ochsenkarren

   der ▢otorroller   der ▢astwagen

10. Wie könnte eine Straße in Allahabad aussehen?
    Malt und klebt auf ein großes Stück weiße Tapete.
    Tipp: Lest noch einmal auf Seite 73
              die Zeilen 41 bis 45.

    Ihr braucht:

    - ein großes Stück Tapete   - weißes Papier
    - Bunt- oder Filzstifte   - Klebeband
    - Scheren   - Zeitschriften zum Ausschneiden

    a) Zeichnet mit zwei Strichen eine Straße auf die Tapete.

    b) Malt und klebt kleine Bilder von Menschen und Kühen
       und verschiedenen Fahrzeugen zwischen die Striche.

    c) Hängt die Bildertapete mit Klebeband
       in der Klasse auf.

Kapitel 11

Der Ganges war voller Menschen. Manche beteten im Wasser, manche badeten, manche tranken das Flusswasser. Am Ufer lagen in Tücher gehüllte Tote. Bestimmt sollten sie verbrannt und ihre Asche in den heiligen Fluss gestreut werden. Ich war zugleich begeistert und enttäuscht. Ich hatte mir den heiligen Fluss mit klarem blauem und sauberem Wasser vorgestellt. Aber zwischen den Menschen in dem dreckigen Flusswasser trieb jede Menge Müll.

11 Ich ging bis zu einer weniger belebten Stelle, kroch
12 in eine Sandkuhle und sah dem Sonnenuntergang zu.
13 Ich wünschte mir, Ketaki wiederzufinden. Ob er es
14 bis hierher geschafft und Meeras Asche in den Ganges
15 gestreut hatte? Ich schloss die Augen. Am Ufer
16 des Ganges würde ich sicher schlafen können.

17 Ich wachte am Morgen auf und roch den Fluss deutlich:
18 Er stank. Den vielen hundert Menschen im Fluss machte
19 das anscheinend nichts aus. Ich schämte mich
20 für meinen Ekel. Ich stand auf, zog mir das Sari-Ende
21 zwischen den Beinen hindurch und steckte es
22 an der Hüfte fest. Dann ging auch ich in den Fluss und
23 wusch mich, trank von dem Wasser. Danach setzte ich
24 mich auf die Stufen am Ufer. Während ich so dasaß,
25 bekam ich Hunger.
26 Eine junge Frau fiel mir ein, die in einer Abfalltonne
27 herumgewühlt hatte. Ich stand auf und durchstöberte
28 ebenfalls eine Abfalltonne. Und ich fand tatsächlich
29 ein paar Essensreste.
30 Auf diese Weise und durch Betteln überlebte ich
31 die nächsten Tage, Wochen und Monate. Ständig war ich
32 in den Straßen unterwegs. Ich suchte auch nach Ketaki,
33 aber ich fand ihn nicht. Abends kehrte ich immer wieder
34 zu meiner Schlafstelle am Ganges zurück.

35 Erst viele Monate später sah ich Ketaki wieder.
36 Es war an einem verregneten Tag in der Innenstadt.
37 Auf der Straße gab es einen lauten Knall. Ich stürzte hin
38 und sah einen jungen Mann unter einem Karren liegen.
39 Es war mein lange vermisster Freund!

„Ketaki! Ketaki!", rief ich. Ich wünschte mir, dass er die Augen öffnete. Aber er öffnete sie nicht mehr. Ich war nicht nur unglücklich. Ich verlor durch Ketakis Tod jede Hoffnung. Von diesem Tag an dämmerte ich nur noch vor mich hin. Als ich so unter einem Haufen Lumpen am Ganges lag, traf mich plötzlich ein Fußtritt. Ein etwa zehnjähriger, sehr schmutziger Junge rief: „Da ist ja jemand drin!" „Verschwinde", murmelte ich. Aber der Junge hockte sich neben mich und sagte: „Ich wollte dich nicht wecken. Aber warum stehst du nicht auf? Es ist Magh Mela [sprich: Mak Mela], das große Fest!" Ich hatte noch nie etwas von diesem Fest gehört. Wut kam in mir hoch und ich schrie: „Verschwinde, du elende Ratte!" Diesen Fluch kannte ich von Kamla. Der Junge schwieg für einen Moment. Dann sagte er böse: „Pass auf, dass dich keine Ratte frisst." Ich schwieg traurig. Der Junge hatte jetzt Mitleid mit mir und setzte sich zu mir. Er erklärte mir, dass viele Menschen zu dem Fest in die Stadt kommen würden, um im Ganges zu baden. „Mein Name ist Yoni [sprich: Joni]", stellte er sich dann vor. „Ich heiße Munli", sagte ich. Von diesem Tag an waren Yoni und ich zusammen unterwegs. Er wurde ein kleiner Bruder für mich. Wir beschützten und halfen uns gegenseitig.

Fortsetzung folgt

1. Munli sucht in Allahabad einen Schlafplatz.
   Wo schläft sie? Kreuze an.

   ❑ auf einem Zeltplatz ❑ am Ufer des Ganges
   ❑ auf einer Parkbank ❑ in einem Haus

2. Wie hat sich Munli den Fluss vorgestellt?
   Wie ist er tatsächlich?
   Male zwei farbige Bilder von dem Fluss.
   Tipp: Lies noch einmal Seite 78.

   So hat sich Munli den Fluss vorgestellt:

   So ist der Fluss tatsächlich:

3. Munli hat kein Zuhause, kein Geld und niemanden,
   der ihr hilft. Wie überlebt sie in der Stadt?
   Beantworte die Frage mit vollständigen Sätzen.
   Schreibe in dein Heft.
   Lies noch einmal Seite 79.

4. Munli sieht Ketaki nicht lebend wieder.
   Was passiert?
   Die Satzteile der Antwort sind durcheinandergeraten.
   Schreibe die Antwort richtig auf die Linien.
   Tipp: Am Ende des Satzes steht ein Punkt.

   | kommt | Ketaki | ums Leben. | bei einem Unfall |

   K_____

   _____

5. Wie lernt Munli den kleinen Yoni kennen?
   Spielt es in der Klasse vor.
   Tipp: Lest noch einmal Seite 80.

6. In diesem Kapitel erlebt Munli viel.
   Welche Überschrift würdest du für das Kapitel wählen?

a) Kreuze an.

b) Du kannst auch eine eigene Überschrift
   unten auf die Linie schreiben.

   ❏ Allen Mut verloren   ❏ Endlich nicht mehr allein
   ❏ Neuer Mut   ❏ Große Not

   _____

7. Trage in die Liste auf Seite 96 ein:

   Magh Mela → Name für ein großes Fest

Kapitel 12

Yoni und ich lebten wie Geschwister zusammen.
Wir erzählten uns gegenseitig unsere Erlebnisse.
Meine Geschichten von der Flucht
aus meinem Heimatdorf und von dem Leben
bei den Baghis gefielen Yoni.
Als ich keine neue Geschichte mehr erzählen konnte,
begann Yoni selbst, „Abenteuer" zu erfinden. Er träumte
davon, eine eigene Bande zu gründen …
Yoni war noch ein Kind, er sah nur das Spannende
in den Geschichten.
Ich erklärte ihm, dass solch ein Leben auch Nachteile
hatte: „Ich hatte viele Male große Angst, war lange Zeit
ohne Familie und hatte oft nichts zu essen."

Es kam eine Zeit, in der Yoni und ich kein Essen mehr hatten. Yoni überlegte, für uns Essen oder Geld zu stehlen. Aber das wollte ich nicht.
Ich wollte Altpapiersammlerin werden.
Altpapiersammler gehen durch die Straßen, sammeln altes Papier in Körbe und verkaufen es dann weiter.
Wir brauchten also erst einmal einen großen Korb.
„Lass uns in die Straße der Bambus-Flechterinnen gehen und einen stehlen!", rief Yoni.
Zuerst war ich dagegen. Aber wir brauchten den Korb. Also zogen wir los.
In der Straße saßen fünf Mädchen in einer Ecke und flochten Bambushalme zu Körben.
Diese Mädchen waren nicht viel älter als ich.
Ich tat so, als hätte ich einen Schwächeanfall.
Sofort waren die Mädchen bei mir.
„Hast du Hunger?", fragte eine.
„Können wir dir helfen?", fragte eine andere.
Ich wollte nicken. Im selben Moment sah ich Yoni, der sich einen Korb schnappte. Wie mit Yoni abgesprochen, schrie ich jetzt: „Ein Dieb, ein Dieb!"
Ich wollte in die andere Richtung flüchten, aber eine große Frau hielt mich und Yoni fest. Da schrie Yoni: „Lass meine Schwester los! Lass los!"
Die Frau blieb ganz ruhig. Es gelang ihr, mich und Yoni zu beruhigen.
Die Frau hieß Aruna. Durch sie sollte endlich wieder Glück in mein Leben kommen.

Fortsetzung folgt

1. **Munli erzählt Yoni von ihrer Flucht und
von dem Leben bei den Baghis.
Was sagt Munli noch zu Yoni?
Vervollständige die Sprechblase.
Tipp: Lies noch einmal Seite 83.**

> Ich hatte viele Male große _____,
> war lange Zeit ohne _____ und
> hatte oft nichts zu _____ .

2. **Munli und Yoni haben kein Essen.
Was will Yoni jetzt tun? Was will Munli tun?
Beantworte jede Frage mit einem vollständigen Satz.
Tipp: Die Wortgruppen im Kasten helfen dir.**

   > für sich und Munli Essen oder Geld stehlen /
   > Altpapier sammeln und verkaufen

   Yoni _____

   _____ .

   Munli _____

   _____ .

3. **Was braucht Munli als Altpapiersammlerin?**
   Vervollständige den Satz.

   Munli braucht als Altpapiersammlerin

   einen _____ .

4. **Woraus flechten die Mädchen die Körbe?**
   Male die richtige Pflanze hellgrün aus.
   Tipp: Lies noch einmal Seite 84.

   aus Korbweide   aus Bambus

5. **Munli und Yoni versuchen, einen Korb zu stehlen.**
   Doch der Diebstahl gelingt nicht.
   Wer verhindert ihn?
   Kreuze an.

   ❏ ein Mann, der Aron heißt
   ❏ eine Frau, die Aruna heißt

6. **Durch Aruna soll wieder Glück in Munlis Leben kommen. Was könnte passieren?**
   Stellt Vermutungen an.

Kapitel 13

Aruna brachte Yoni und mich in eine Wohnung, in der mehrere Mädchen zusammenlebten. Wir bekamen zu essen und zu trinken. Ich wunderte mich. Was waren das für Mädchen? War Aruna ihre Mutter? Sie sah zu jung dafür aus. „Wenn ihr mit Altpapier handeln wollt", sagte Aruna, „können wir euch helfen. Wir können euch einen Kredit besorgen." Aruna erzählte von dem Verband der Frauen. „Die Frauen des Verbandes verdienen eigenes Geld, als Obstverkäuferinnen, Altpapiersammlerinnen oder Bambus-Flechterinnen. Es gibt viele Arbeiten.

Unser Verband nimmt nur alleinstehende Frauen auf."
Das gefiel Yoni nicht. „Wie viele seid ihr denn?", fragte er ärgerlich.
„Na, so einige tausend sind wir schon", antwortete Indira, eins der Mädchen.
„Und was ist mit dem Kredit? Könnt ihr uns wirklich einen besorgen?", fragte ich.
„Ja, der Verband hat eine Bank. Jede von uns hat dort zehn Rupien eingezahlt", sagte Aruna. „So sind viele zehntausend Rupien zusammengekommen. Wenn nun eine Frau Geld braucht, bekommt sie es von der Bank geliehen. Wir wollen an unseren Mitgliedern aber nichts verdienen. Wir wollen uns gegenseitig helfen. Damit keine von uns stehlen muss …"
Ich konnte es kaum glauben, das klang zu schön.
„Es bekommt natürlich nicht jede Frau einen Kredit. Es wird überprüft, ob wir der Frau vertrauen können."
„Aha", sagte Yoni. „Dann bekommen wir nichts!"
„Du nicht, aber Munli schon. In Not kann schließlich jeder geraten. Und Munli wollte den Korb stehlen, um zu arbeiten und für sich selbst zu sorgen", sagte Aruna und blickte mich an. „Dabei wollen wir helfen. Du sollst eine Chance [sprich: Schanks] bekommen."
Ein Mädchen namens Mara erklärte: „Du musst wissen, dass wir uns nicht nur gegenseitig vor Armut beschützen. Wir wollen noch mehr für die Frauen in Indien tun. Wir Frauen verdienen am wenigsten und haben fast keine Rechte. Die meisten Frauen wissen das nicht einmal, deshalb wollen wir sie aufklären."
„Und warum dürfen bei euch nur alleinstehende Frauen

mitmachen?", fragte Yoni mürrisch. „Ich bin doch auch alleinstehend."

„Weil Frauen, die auf sich selbst gestellt sind, es besonders schwer haben", antwortete Aruna. „Du kennst doch sicher das Sprichwort: Eine Frau ohne Mann …"

„… ist wie Spucke im Sand: Sie vertrocknet!", beendete Yoni den Satz.

Aruna nickte. „Und weil wir nicht wie Spucke im Sand vertrocknen wollen, haben wir Frauen uns zu einem Verband zusammengeschlossen. In den Verband kannst du als Junge nicht eintreten, aber natürlich kannst du mit deiner Schwester Munli hier leben, Yoni."

In meinem Kopf drehte sich alles. Hier waren Frauen, die die gleichen Rechte haben wollten wie Männer. Ich sah mir die Mädchen an, die um mich herumstanden. Ihre Blicke sagten: Wir sind wer! Wir verdienen eigenes Geld. Wir haben eine Wohnung und zu essen. Wir leben in Sauberkeit.

Als mich Mara dann noch fragte, ob ich Bambus flechten und lesen und schreiben lernen wollte, war für mich alles klar: Ich wollte hierbleiben – und Yoni auch.

Indira nahm meine Hand und sagte: „Wenn ich früher mit meiner Familie gegessen habe, saßen wir Mädchen auf dem Fußboden. Jetzt sitze ich auf einem Stuhl!"

Ich flüsterte schüchtern: „Wenn ich bei euch bleiben darf, werde ich mich immer auf einen Stuhl setzen."

„Bravo!", riefen die Mädchen. „Nie wieder auf den Fußboden setzen!"

Fortsetzung folgt

1. **Im Kapitel kommen diese drei Nomen vor:**
   der Verband, der Kredit, die Rupien.

   a) **Trage die Nomen in die richtigen Kästchen ein.**

   b) **Lies die Sätze.**
   Dann erfährst du, was die Nomen bedeuten.

   Einen Verein, der für bestimmte Menschen Hilfe

   oder Informationen anbietet, nennt man auch:

   | V | | | | | | .

   In Deutschland und anderen europäischen Ländern

   bezahlt man mit Euros.

   In Indien bezahlt man mit: | R | | | | | .

   Geld, das man bei der Bank geliehen bekommt und

   zurückzahlen muss, nennt man: | K | | | | | .

2. **In Indien gibt es viele Frauen, die allein und in Armut**
   leben. Wie helfen sich Aruna und die Mädchen?
   Kreuze die richtigen Antworten an.

   ❏ Sie haben einen Verband für alleinstehende und
   arme Frauen gegründet.
   ❏ Sie suchen reiche Männer, die sie heiraten können.
   ❏ Sie erlernen einen Beruf und verdienen eigenes Geld.
   ❏ Sie kümmern sich nur um sich selbst.
   ❏ Sie sparen Geld auf einer Bank, um Frauen in Not
   helfen zu können.

3. Was gilt für den Verband der Frauen?
   Vervollständige die Sätze.
   Tipp: Lies noch einmal Seite 88.

   Für den Verband der Frauen gilt: Es dürfen nur

   _____ Frauen Mitglied werden.
   schöne / kluge / alleinstehende

   Jedes Mitglied zahlt _____ Rupien ein. Die Bank
   10 / 100 / 1000

   gibt jedem neuen Mitglied _____.
   ein Geldstück / einen Kredit

4. Welches Sprichwort hast du kennen gelernt?

a) Lies noch einmal auf Seite 89 die Zeilen 47 bis 48.

b) Schreibe das Sprichwort auf die Linien.

   _____

   _____

5. Was sagt das Sprichwort über Frauen in Indien?
   Sprecht in der Klasse darüber.

6. Worüber ist Munli jetzt glücklich?
   Sammelt Stichworte an der Tafel.

7. Trage in die Liste auf Seite 96 ein:

   Rupie → die indische Währung,
   also der Name für indisches Geld

Kapitel 14

Yoni und ich lernten, Körbe aus Bambus zu flechten.
Und ich begann außerdem, lesen und schreiben
zu lernen. Aruna gab mir zuerst Einzelunterricht.
Der erste Name, den ich schreiben lernte, war
mein eigener: Munli. Ich weiß noch, wie ich
das Geschriebene anstarrte. Das war mein Name?
Bald nahm ich am gemeinsamen Unterricht
für alle Mädchen teil.
Ich liebte jetzt besonders das Lesen.
Das Lesen zeigte mir neue Welten.
Ich konnte sie mit meiner eigenen Welt vergleichen.

Aruna fand, dass ich Lehrerin werden sollte.
„Wer so gern lernt wie Munli, der unterrichtet bestimmt
auch gern", sagte sie. „Vielleicht kehrt sie später
in ihr Dorf zurück. Dann bringt sie den Kindern dort bei,
was sie inzwischen gelernt hat."
Ich muss Aruna sehr enttäuscht angeblickt haben, denn
jetzt las sie mir noch etwas aus einem Buch
von Mahatma Gandhi vor:
„Indien lebt in seinen Dörfern, in kleinen, einsamen
Dörfern. Das ist das wahre Indien, mein Indien,
für das ich lebe." Aruna sah mich an. „Das hat Gandhi,
unser großer Lehrer, gesagt. Er spricht hier von Dörfern
wie deinem Heimatdorf. Und er hat Recht. Wenn wir
in den Dörfern nichts ändern, ändern wir im ganzen Land
nichts. Vielleicht solltest du eines Tages zurück
in dein Heimatdorf gehen."
Nach diesen Worten konnte ich in der Nacht nicht
schlafen. Ich musste an so vieles denken.
Lehrerin zu sein war ein schöner Beruf.
In meinem Heimatdorf gab es nicht einmal eine Schule.
Was wäre, wenn ich als Lehrerin zurückkäme?
Wie würden die Dorfbewohner reagieren?
Was würden Pitaji und Mataji sagen?

Mit diesen Fragen beende ich meinen Bericht.
Ich bin etwas traurig, denn das Schreiben hat mir
von Tag zu Tag mehr Freude gemacht. Und es fällt mir
schon viel leichter, mit Wörtern umzugehen. Aber ich
weiß jetzt nicht mehr, was ich noch schreiben soll.
Ich muss jetzt in mein neues Leben, meine neue Zukunft
blicken …   *Ende*

Aufgaben 14

1. In Munlis Leben hat sich viel verändert.
   Was hat sich für Munli verändert?
   Schreibe sechs vollständige Sätze in dein Heft.
   Beginne jeweils so:
   Munli kann jetzt … Sie verdient jetzt … Munli ist …
   Sie hat … Munli lebt in der … Sie möchte vielleicht …

2. Welche drei Frauen haben Munli geholfen,
   zu einer starken jungen Frau zu werden?

a) Lies die Buchstaben an den Fäden.
   Sie ergeben die Namen.

b) Schreibe die Namen auf die Linien.

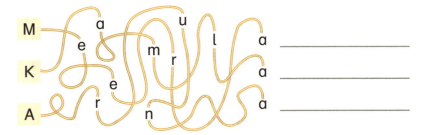

3. Wer war Mahatma Gandhi?

a) Informiere dich in einem Lexikon oder im Internet.

b) Kreuze die richtigen Sätze an.

  ❏ Mahatma Gandhi lebte von 1865 bis 1922.
  ❏ Mahatma Gandhi lebte von 1869 bis 1948.
  ❏ Er hat für Indiens Unabhängigkeit gekämpft.
  ❏ Gandhi war für Widerstand mit Gewalt.
  ❏ Gandhi war für gewaltlosen Widerstand.

4. Stellt euch vor, Munli geht als Lehrerin
   in ihr Heimatdorf zurück.
   Wie reagieren wohl die Dorfbewohner?
   Was sagen ihre Eltern? Stellt Vermutungen an.

5. Das Lesen eröffnet Munli neue Welten,
   die sie mit ihrer eigenen Welt vergleichen kann.
   Sprecht in der Klasse über diese Fragen:
   – Was habt ihr Neues durch Munlis Geschichte
     erfahren?
   – Welche Unterschiede gibt es zu eurem Leben?

6. „Wie Spucke im Sand" hat Klaus Kordon geschrieben.
   Lies den folgenden Sachtext über den Autor.

   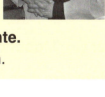

   1 **Klaus Kordon** wurde
   2 am **21. 9. 1943** in Berlin geboren.
   3 Seine **Arbeit** als Kaufmann
   4 führte ihn nach **Indien, Indonesien,**
   5 **Singapur und Nordafrika.**
   6 Seit 1974 schreibt er **Romane,**
   7 **Erzählungen, Märchen und Gedichte.**
   8 Heute lebt er mit seiner Frau in Berlin.

7. Was hast du im Sachtext erfahren?
   Beantworte die Fragen mit vollständigen Sätzen.
   Schreibe die Fragen und die Antworten in dein Heft.

   – Wann und wo wurde Klaus Kordon geboren?
   – Wieso kennt Klaus Kordon Indien so gut?
   – Wo lebt Klaus Kordon heute?

Meine Wörterliste

_____ → _____
_____ → _____
_____ → _____
_____
_____ → _____
_____ → _____
_____
_____
_____
_____
_____ → _____
_____ → _____
_____ → _____
_____ → _____
_____
_____
_____
_____
_____
_____ → _____
_____ → _____
_____ → _____
_____ → _____
_____ → _____
_____